人老有多难

薛宥辰 著

一家养老院里的故事

中国社会出版社
国家一级出版社·全国百佳图书出版单位

图书在版编目(CIP)数据

人老有多难 / 薛宥辰著. —北京 : 中国社会出版社, 2019.9
ISBN 978 - 7 - 5087 - 6232 - 6

Ⅰ.①人… Ⅱ.①薛… Ⅲ.①养老院—社会服务—研究—中国 Ⅳ.①D669.6

中国版本图书馆 CIP 数据核字(2019)第 219647 号

书　　名: 人老有多难
著　　者: 薛宥辰

出 版 人: 浦善新
终 审 人: 尤永弘
责任编辑: 曲丽媛

出版发行: 中国社会出版社　　邮政编码:100032
通联方式: 北京市西城区二龙路甲 33 号新龙大厦
电　　话: 编辑部:(010)58124823
　　　　　邮购部:(010)58124848
　　　　　销售部:(010)58124845
　　　　　传　真:(010)58124856
网　　址: www.shcbs.com.cn
　　　　　shcbs.mca.gov.cn
经　　销: 各地新华书店

中国社会出版社天猫旗舰店

印刷装订: 中国电影出版社印刷厂
开　　本: 170mm×240mm　1/16
印　　张: 18.75
字　　数: 245 千字
版　　次: 2019 年 12 月第 1 版
印　　次: 2019 年 12 月第 1 次印刷
定　　价: 58.00 元

中国社会出版社微信公众号

谨以此书献给和我一样步入老年的朋友，以及老年朋友的后代们，愿敬老爱老的传统美德代代相传！

关注今日的老年人就是关注明天的自己，就是为构建和谐社会、弘扬敬老美德作贡献！

前　言

花儿向阳开，朵朵放光彩。儿童似花朵，你爱我喜欢。可这人一到老年就不一样了，腰酸腿痛体弱多病难治好，成了医院里的常客。嘴巴歪眼睛斜，两耳是摆设，双眼昏花眵糊黏，目光盯着你发呆；满嘴牙齿也掉完，说话唠叨惹人嫌；一瘸一拐腰背弯，满脸皱纹老年斑；衣服不洗也不换，浑身臭味人讨厌。农村老人更可怜，孤独凄凉没人管；城市老人逛公园，单个活动少陪伴。

上面实实在在的几句话，虽然逆耳不太好听，但却是老年人的真实写照。植物和动物，都有其自然规律，花开花谢，瓜熟蒂落，叶落归根，终成黄土一抔，这是谁也无法回避的。光阴荏苒，时不留人，谁也无法改变人生这无奈的旅途轨迹。

夕阳无限好，瞬间近黄昏。人人都怕老，人人都得老。青壮不知年老事，年少休笑白头翁，须知花开能有几日红；光阴日月如梭过，不知不觉老将至。

父母疼子女，如同身上肉，情深爱不够。子女孝老人，总要打折扣，一来工作忙，二来下有小，三来钱不够。没钱养老难，有钱难养老，真是老来难。人老有多难，此书叙不完，谁能写圆满？请君亲体验，才知老来难！你感老来难，有口也难言。养老真不易，如何来承担，人间充满爱，儿女不等待。树欲静而风不止，子欲养而亲不待，难怪人人都说“百善孝为先”。

目 录

一　过节日

“六一”国际儿童节到了。这天，街上男男女女、老老少少的人很多。孩子们在幼儿园和学校庆祝，活动结束就放了假。为过好儿童节，父母们早有足够的准备，更不惜花钱把孩子们打扮穿戴得漂漂亮亮，一个个像朵花儿一样。这天是孩子们最美最快乐的一天。街上看到的大多数老年人和中年人，他们是孩子们的爷爷、奶奶、爸爸和妈妈，还有姥爷、姥姥，六个人陪伴着一个小孩。多美好的时光，多幸福的孩子们啊！难怪有人说“六一”儿童节就是六位亲人呵护和关爱着一个无忧无虑的小孩儿！其实对待一个还不知世事的孩儿与一个糊涂、行动迟缓的老年人还真有天壤之别。

赵老头儿已是六十岁的人了，给孙子胖墩在街上买了一些好吃的，孙子要什么他都满足。两人还商定不让胖墩爸爸妈妈知道，知道了胖墩就会挨骂受气。“六一”一大早，胖墩的爸爸妈妈就为打扮漂亮的小胖墩又拍照片又拍小视频，留作纪念。之后便嘱咐胖墩说：“听爷爷的话，放假后和爷爷玩上一会儿，中午准时回家，不准买零食吃，不能淘气。”“知道了，真烦人。”胖墩噘着小嘴敷衍地回了一句，边说边拉着爷爷的手，蹦蹦跳跳地走了。胖墩爸爸妈妈还得去上班，他们也正是上有老下有小的时候，家庭和工作都处在最繁忙的阶段。

工作了一辈子的胖墩爷爷一上午虽累得够呛，可是高兴啊，难得天伦之乐，这叫隔辈亲。和儿子在一起总不免会拌嘴，可要是和孙子在一起，孙子说啥是啥，百依百顺怎么都行。中午赵老头儿把胖墩送回家，还得去养老院招呼一下，他是一所养老院的院长。从县局的领导岗位退下来，年逾花甲，可赵老头儿总觉得要干点什么才好，发挥余热嘛，就选择了在养老院工作。回养老院的路上他还在想，养老院、幼儿园还真不一样，养老院的“院”字，右边是个“完”字，要是没耳朵也就彻底完了，多不吉利；这幼儿园的“园”字里边是个“元”字，怪不得孩子们都有钱花，“园”字还是公园的园，那可是既美丽又好玩的地方。一个是管理收养老人的地方，另一个是抚养孩子的地方。幼儿园内的大幅标语是“一切为了孩子，为了孩子一切”。可养老院里却看不到写有“一切为了老人，为了老人一切”；过“六一”儿童节，孩子们有这么多家长和老师们关心呵护着，享尽童年的欢乐，与之相比，“重阳节”就显得有些可怜巴巴。中国每年虽有个“九九”重阳节，且历史悠久，可要比起“六一”国际儿童节来，就冷清了许多。“尊老爱幼”，但生活中永远都把“爱幼”放在前边，这大概是“朝阳”总比“夕阳”让人更有憧憬吧！

说起这过节日来，一辈子还真记不清、说不完。除了二十四节气外，还有元旦、春节、元宵节、妇女节、植树节、劳动节、儿童节、端午节、“七一”节、“八一”节、教师节、中秋节、国庆节、重阳节，近年来流行的洋节圣诞节，还有护士节、记者节等节日。日历上标明的这些节日有国际的、有我国老祖先传下来的、有国家法定的，同二十四节气合起来有五十多个。如果再加上日历上没注明的节日那可就太多了。比如2月14日情人节，我国传统的腊八节、除夕节、破五节、石头节（正月初十老鼠娶亲）、二月二龙抬头节、愚人节和复活节（洋节）、我国少数民族的泼水节、三月三中华圣诞节（也叫歌仙节）、国外的母亲节和父亲节、我国六月六的牛羊节、七月七的情人节、七月十五的鬼节(中元节)、十月初一的鬼节(又称寒衣节)、洋节万圣节、美国和加拿大的感恩节,还有个光棍节。日历上注明和没有注明的,有正月二十五填仓节、鲁班节,要再加上纪念日,还有11月8日记者节、9日的消防日,3月22日世界水日、23日气象日,4月7日世界卫生日,5月17日电信日,还有国际海关日、世界湿地日、国家公祭日、消费者权益日、全国安全日、红十字会日、无烟日、爱眼日、人口日、土地日、标准日、粮食日、残疾人日、联合国日、抗战纪念日、日本投降日、南京大屠杀纪念日、和平日、香港回归纪念日、澳门回归纪念日,等等,统计起来,有上百个时节和纪念日,平均隔两三天就是一个节日,所以三天两头就过个节日并不奇怪。有时在一天内还会遇到两三个节日,比如7月1日党的生日和香港回归纪念日。

这节日真是一个接一个,天天都在过节,而且一天里还不止过一个、两个节日。节日过的多了,年自然也就会过多了,年多了,人就老了,过的节日越多人就越老。

农村老百姓对农历的二十四节气还是很感兴趣的,按阳历(公历)每月有两个节气,上半年来六二二,下半年来八二三,前后只差一两天。例如每年的清明节,不是4月5日就是4月4日。还有每年的冬至节(又称吃饺子节)过后第十天,准是元旦节。清明节和冬至节都是农历的重要节气,到冬至节,养老院的老人们都称“数九”,冬至也就成了每年“数九”的第一天。他们念念有词:一九二九不出手,三九四九冰上走,五九六九沿河看柳,七九河开,八九燕来,九九加一九,耕牛遍地走。俗话有春打“五九”尽和“六九”头的说法,即“五九”的第九天就是二十四节的第一个节气立春节。农历三年两头闰,就很难说清是什么时间过清明节了。不过在我国北方,有经验的老农民会看山坡上的桃花说出农历的谚语:“二月‘清明’满坡花，三月‘清明’不见花。”老人们大多数都怕冷，不盼“冬至”数九寒天，只盼“清明”春暖花开。身体不好又患有慢性病的老人每到节令交替时，或遇风、霜、雨、雪、雾的天气，就会感觉到身体特别地不舒服和难受，便喊叫着说：“嗯！要‘数九’了。”“唉！是不是快要打春了。老天爷又要变脸了。”老人们简直就是气象站，他们的身体状况在预告着天气的变化。

有个顺口溜，大多数老人都会念叨，就连低年级的小孩子都能背诵，那就是二十四节气歌：

春雨惊春清谷天，夏满芒夏暑相连。
秋处露秋寒霜降，冬雪雪冬小大寒。

春、夏、秋、冬四头八节不由人，生老病死也不由人。天要下雨，娘要嫁人，只能顺其自然。人一生就如这一年四季一样。一至二十五岁像春天，人 人都想永远留住青春，让青春永驻；二十六至五十岁像夏天，烈日当头，如日中天，谁都想永远艳阳天，精神饱满，身强体壮；五十一至七十五岁是秋天，秋高气爽，收获的季节，都盼望年年有余，五谷丰登，但又如黄昏时分，日薄西山；七十六至一百岁就像是冬天，朔风飕飕，漫天飞雪，山野素裹。老人们都知道隆冬难过，就像是秋风扫下的落叶，慢慢地同皑皑白雪融入黄土地。一年四季春、夏、秋、冬；人生活在世间，吃五谷生百病，生老病死，这是人生不可逆转的自然规律，无可奈何。正是长江黄河东流去，生命一去不回头。

春节，每年农历正月初一，也叫过大年，连同元宵节一年就一个，很快就过完了。心却依旧，像平静的湖面，无波无澜。不知道从什么时候开始,过年,不再是一种憧憬,而是成了一种形式。以往过年,缺的是年货,不缺年味;现在过年,不缺年货,缺的是年味!过去的年味再也找不回来了!《难忘今宵》,唱了一年又一年,再也找不回以前的那种激情。不变的是日落日出的一年四季,变了的是我们逐渐苍老的面容,难以找回原来的模样。说岁月如梭是对老人而言,孩子们过一年如一天,老人们却度日如年。

节日有高兴的节日,也有悲伤和纪念的节日……对孩子们来说最爱过、最高兴过的是“六一”儿童节;对养老院的老人们来说最爱过、最高兴过的是重阳节,春节是老人和孩子们都爱过也很高兴的节日。我国老百姓普遍注重认可的也就三个节,即春节、端午节、中秋节,也是国家法定节假日。这三个节不但亲戚朋友来往多,而且交换奉送礼品丰盛。孩子们高兴,老人们也盼着和亲人团圆。孩子们是一年比一年成长,梦想着自己有美好的未来;而老人们却是一年比一年老去,只盼着幸福和健康。福如东海长流水,寿比南山不老松,是老人们的梦想。

二　有区别

“六一”儿童节是国际节，“九九”重阳节是中国的传统节日，这差别就大了。养老院每年最隆重的也就是春节和九九重阳节两个节日，再就是端午节和中秋节，其余的很多节日你不过也得过，但比较起来就有些随意，老人们觉得过不过无所谓。过来人都明白，什么事物都是有差别的。

生儿子好还是生女儿好？怀孕时孩儿还在娘肚里，就盼着能生出个儿子来真好，当然女儿也行，这是第一胎的想法；要是第一胎生的是个女儿，就还想再生个儿子。传统的观念是儿子能开门续香火传宗接代，好儿郎或许还能光耀门庭。要第一胎生的是个儿子，那就想再生个女儿；女儿是父母的贴心小棉袄，到老年时有病会伺候得好，像养老院的护工、医院的护士一样。知冷知热的还是女儿心细，不像儿子都粗手笨脚的。

孩子是天使，孩子更是父母未来的希望。当然生男孩或者生女孩那一定是有不少区别的。因为，女儿比儿子有爱心，更耐心、热心、细心、贴心。特别是当你老得不能动弹、久卧在床的时候，更能体会到小棉袄比皮夹克不知要好多少倍。

媳妇儿前不久生了，老公的亲朋好友们听说了，就会问：“怎么样，生了没有？”

回答：“生了。”

“还好吧！生了个啥？”

"女孩。"

"噢！小喜。"

生男孩是大喜，生女孩就是小喜。为什么？这就是区别，对男女不同的偏见。女孩和男孩不一样，而且差别还很大。本来男女是平等的，可传统和风俗习惯等原因，就形成了重男轻女、男尊女卑的思想。

钱大娘七十八岁，有三个女儿，一个儿子。老大、老二、老三都是女孩，老四是个男孩，不过也快四十岁了。有他们兄妹四个，钱大娘虽然二十年前早早失去老伴，但儿孙满堂过得也很幸福。但是钱大娘身体不好，常常有病，是十年前的一场大病落下的后遗症。头脑有时清醒有时糊涂，说话颠三倒四；平时生活中，也丢三落四。钱大娘要有什么事情需要给儿女们打电话时，她知道自己没那本事，就让旁人照着她写在一张纸上的手机号码拨打。别人照着给她拨通后，再递给她。有一次别人帮她给她儿子拨通了，钱大娘拿过手机放在耳朵上说："喂，孩儿呀！我这几天病了，想去医院让大夫给我看看。"说完，对方把电话挂了。刚才帮她给儿子拨通电话的李老头儿问道："怎么挂了？"

"不是，我孩儿说他姐姐为大，去不去医院，由他姐姐说了算，就让他姐姐来陪我上医院吧！"

李老头儿又看着她，钱大娘左手伸进左口袋，没有，右手伸进右口袋摸一摸，有啦。李老头儿拿着写着电话号码的纸，给钱大娘女儿拨通又把手机递给钱大娘。

"喂，闺女唉！在家吗？我想去医院看看，这几天身体老不舒服。"说完，停了一会儿，挂了电话。钱大娘看了看旁边的李老头儿说："女儿说让儿子陪我去，儿子的住处离我近，又是家里人。应该让我儿子当家做主，她当不了家。”

李老头儿在一旁说：“对啊！儿子才该陪你去医院，女儿已经嫁出去了，是外人，可以推脱，儿子就理应担当，那不行就再给你儿媳妇打打电话？”

李老头儿还给钱大娘讲道理：“自古以来，家有传家宝，只传媳妇不传闺女，连这个你也不懂啊？”

现在父母有病在身，带他们去医院，是孝敬父母，是报养育之恩。在这关键时刻还分什么男女、大小，这分明是他们兄妹之间贪图清净，怕担当、嫌麻烦、怕花钱互相推诿。反过来说，如果要是他们自己的孩儿病了，他们准会、肯定能并及时把孩子送到医院救治，这其中的差别不言而喻。

养老院里的老人们知道这件事情后，纷纷议论钱大娘的儿女们不孝，也有人说李老头儿给人家瞎讲道理。为什么会有这样的差别，会有男女不平等的现象？面对现实，老人们只能摇头叹息，用“知足常乐”来安慰自己。有打油诗道出了人生的苦乐情愁：

青丝已去，白发染头！
儿女迈入中年，孙辈吃穿不愁。
回首人生之路，一腔热血东流。
有的还没退休，就被上帝带走；
有的退休不久，又躺医院床头；
我等非常幸运，仍在到处晃悠！
无论同学，还是战友，
你是大官，应讲究安全着陆；

你是小官，别总想名利双收；
你是教师，别再靠补课创收；
你是作家，别再瞎点灯熬油；
你是工人，把勤俭二字记住；
你是农民，扎根沃土不漂流；
无论官民穷富，都要感恩知足，快乐地向前走。
事事量力而行，别听他人忽悠，人与人之间都有区别。
什么老有老的资本，什么老有老的自由，
什么名山大川，什么逍遥旅游，殊不知：
家家都有一本难念的经，人人都有自己难言的愁。
经济宽裕的没几人，大多数都是穷朋友。
莫跟人比，不寻别扭；
多点宽容，少点索求。
只要有个好身体，就要快乐向前走。
现今的我们，和过去区别很大，
已失去了青春激情，也淡化了中年的劲头。
经历了人间不平事，喝尽了尘世红白酒。
展示了你我的真善美，藏起了自己的苦累愁。
上奉养父母尽孝道，下操劳子女排忧愁。
我们都问心无愧，继续快乐地向前走。

我国对未成年人，县级以上政府都有“关心下一代委员会”，有九年义务教育。对老年人，专门立有法律，即《中华人民共和国老年人权益保障法》，省级都有实施办法和具体措施细则，如七十岁以上老年人坐公交车、进公园免费等，这都充分体现了中华民族的传统美德。殊不知尊老、敬老、爱老、助老，中国的道德传统在家庭里有时比法律还有效。但如今传统美德被人漠视，在家庭生活里老少待遇就是不一样，区别是老的成累赘，小的成了“皇帝”。有的养宠物比养亲娘都上心。这是多数老人的亲身体验和亲眼所见。不过老人为享受天伦之乐，家丑不可外扬，大多都噤声无言了。

三　得急病

养老院里有个小老汉，刚刚六十岁出头，在养老院里是年龄最小的老人。一天三更半夜里，小老汉被对门的孙大娘敲门惊醒。孙大娘突发心脏病，脸色蜡黄，全身冒着冷汗，硬支撑着起来敲的房门。小老汉开门见状甚是着急，慌忙转身从自己房间里找到了速效救心丸，很快给她塞进嘴里，几分钟后孙大娘稍有缓解。然后小老汉按孙大娘提供的电话号码，拨通了她孩子们的电话。等孙大娘两个孩子到来已是深夜两点多，俩儿子见到眼前情况没吭没言，急叫救护车送往医院救治。

孙大娘在计划经济统购统销时代，工作兢兢业业，从不贪占国家、集体便宜。爱岗敬业，认真负责是她的性格，她是个工作狂。如今八十多岁了，儿成女就，都有各自的工作。老伴去世后，孙大娘只身一人住进养老院，还是写写画画，做针线活儿手忙不停。可年龄不饶人，昨天还好好的，今儿个一下子就进医院了。

孙大娘膝下两男一女，老大、老三是儿子，老二是女儿。那天夜里孙大娘突发心脏病，住了几天医院便回到养老院。此后，儿女们担心她再出现问题，兄妹三人商定分工轮流看护。白天由女儿守护，晚上由老大来值班。老大六十二岁，已退休两年了，正好有时间伺候耄耋老人，守护他年迈的母亲；女儿在外地，下有子孙，不方便常伴身边，但在母亲住医院期间，她就全天候陪护；小儿子专管母亲日常买药、吃药等生活需求照料。两个儿子白天黑夜交替着这样轮流陪伴看护着老母亲，这让养老院的老人们真是叹服、羡慕。孙大娘嘴上不说，心里可是美滋滋的，满脸挂着乐呵呵的笑容。从那次心脏病突发后，三年来再没有发作过，身体还算硬朗，除耳聋外倒也没其他啥病，还真是子孝父母安。今年八十三岁的孙大娘总是笑呵呵地对其他老人说：

“我争取活到一百岁，给孩子们争口气。”

“行！没问题。您有三个孝顺的好孩子，真是一个赛一个。”

在场的老人们异口同声地应和着她。

老天有眼，还真是善有善报。孙大娘大儿子虽年逾花甲但身强体壮，原在政府机关工作，退休后，白天常在离养老院不远的水库钓鱼，修身养性，也是儿成女就，儿孙满堂；二女儿虽远在外地工作，但在国有大企业上班，也将要退休在家，物质生活丰厚，孩子们也都大学毕业参加了工作；小儿子在本县公安局工作，有儿有女全家幸福。孙大娘还常说：“多亏共产党领导好，如今咱遇上这好社会。”

耄耋之年的她还在国庆节时写出一首顺口溜：

举国上下迎国庆，养老院里笑声浓。
众多老人聚一起，谈论国家大事情。
如今活到好时代，老有所养真高兴。
与党同心团结紧，年迈体弱志不衰。
人老晚年胸怀大，知足常乐笑盈盈。
养老院里真不赖，快快乐乐度晚年。
无忧无虑无烦恼，强身祛病好事来。
不是乐来就是笑，又是学习又是跳。
潇潇洒洒老来俏，活他一百也嫌小。
国家富强咱都好，国庆节里乐悠悠。

孙大娘写好后交给院长赵老头儿，赵老头儿看着歪歪扭扭的字，笑了笑说：

“好，写得好。我让院办公室给你转抄在咱们院里的宣传栏板报上，让咱们的老人也都看看。您都八十五岁了，脑子还这么灵，真不容易啊！”

“不行、不行，真的不行了。那你就给改改再登吧！”

赵老头儿看后，想孙大娘这把年纪了，得让她像孩子一样高兴才好，便稍做修改，就让办公室主任转抄在宣传栏，来往老人们围着看过后，都竖起大拇指夸赞说好。孙大娘虽然耳朵不好使，但是看到大家对着她笑并竖起了大拇指，心里甜丝丝的。她受到了鼓励，就又写了一篇文章，再次被登载在养老院板报的宣传栏里，题目是《住在这里真不错》。她写道：

“前几年春季，我得了心肌梗死，在医院里抢救了六天，差点没命，但不幸中的万幸，转危为安。我的子女们担心我一人住着不妥，故再次住进咱们养老院，到现在又快三年过去了，感觉很好。不单是儿女们对我好，这里环境优美，树木成荫，花草争芳，空气新鲜，卫生整洁，是个宜居的好地方。这里住的全是老年人，容易沟通，说得着，谈得来，不是亲情胜似亲情。这里生活安排得不错，十天不吃重样饭，很适合老年人的口味，清清淡淡、汤汤水水、热热乎乎、简简单单。都说在自己家里每顿才吃小半碗，住在这里每顿满满一大碗。可真是吃得香，睡得甜，无忧无虑度晚年。在这里没有任何压力，每天看看书、读读报、吃吃饭、睡睡觉，轻轻松松过一天。虽然这里的老人们都已步入高龄，但自我感觉都不老。”

养老院有一位九十二岁高龄的老爷子,孙大娘笑着问他:

"咱们这儿数您年事最高?"

他笑着说:"不,我还小!"逗得在场的人全都笑了。

有人问他:"您高寿的秘诀是什么?"

"装傻。"

"什么? 人老啦,就是不装傻也够傻的了,还用装?"

"对,傻一点,不是头脑笨、智商低下。一辈子走过来,吃过的饭,见过的人,遇到的事,还有走过的桥都比晚辈们走过的路要长,明白这一点,傻一点才幸福。所以该装傻时就装傻!"

"那么你是怎么装傻的呢?"

"好,我简单给你们说几点。一对身体装傻,别把疾病想得太严重,保持乐观积极的心态,有助于身体康复。二对过去装傻,过去的事情和纠结已毫无意义。过去的恩仇私怨与坎坎坷坷早已经微不足道,要活在当前,享受眼下的快乐。三对老伴装傻,老伴是陪我最长久的人,一起平等生活。装装傻,互相让着点,家庭才和睦、兴旺、幸福。四对儿孙装傻,儿孙自有儿孙福。对儿孙的过分要求装没听见,别心软。少些固执和强势,多些倾听和示弱。五对朋友装傻,朋友之间要真诚。装装傻,说话别太直,不挖苦、不揭人创伤。老了,对朋友也不能有求必应。六对自己装傻,老年是人生最后的黄金时段,想开、看开,能放手就放手,能不管就不管,不管闲事,别瞎操心。"

装傻,不是真傻,而是大智若愚。步入老年后,看淡了名利,看透了人情世故,不再去争、去抢、去做作,学会装装傻,相信傻人自有傻福,晚年的幸福快乐就不是问题了。

四　莫生气

步入老年，人的脾气、性格都会有不同的变化。有一种变化是年轻时善良、友好、热情，与人无争相处得很好，但是，到老年时却变得自私、爱吵架、多疑、敏感，有时还不可理喻；还有一种却是正好相反，年轻时容易激动、极端、发脾气……但老了变得啥脾气都没有了。

有人说老年人应该具有以下“九气”：

闲时多读书，博览凝才气；
人前慎言行，低调养清气；
交友重情义，慷慨有人气；
困中善负重，忍辱蓄志气；
处世宜平易，不争添和气；
对己讲原则，坚持守底气；
淡泊且致远，修身立正气；
居低少卑怯，坦然见骨气；
卓尔能合群，品高存浩气。

干什么事业，人都要有志气，有志者事竟成。佛争一炷香，人争一口气。正气、骨气、浩气、志气都是做人的基本要求。就是不能生气，气出病来没人替，《三国演义》里的周瑜就是让诸葛亮给活活气死的，楚霸王自杀在乌江。有智周瑜命不长，阵前多少英雄将，都因争气一命亡。看来真不敢小看这个“气”字的魔力，它是要取人性命的。引发生气的主要原因大约有三：钱财、房产、关系。劝说别人简单，对旁人做解释也容易，放在自己身上就不由自己了。钱这东西，活不带来，死不带去，谁都是光溜溜来，光溜溜去，可要放在社会上，看看那些贪官们又是怎样对待钱的呢，何况是平民百姓？

还有人对房产争来争去。相传古时候，有个人和邻居因房屋的宅基地纠纷，气得给在京做大官的儿子写信，要求其出面干预替自己出气，可明智的儿子回信道：“千里修书只为墙，让他三尺又何妨；万里长城今犹在，不见当年秦始皇。”寥寥数语平息了一场邻里风波，从此两家相安无事，和睦相处，都也没少了什么。真可谓“忍一时风平浪静，退一步海阔天空”，只可惜能到这个境界的人还是少呢！

再说关系，有朋友、上下级、亲戚、父子、兄弟、夫妻、买卖双方等各种关系。小两口、老两口常有离婚、分居；有人说兄弟是上辈子的仇人转生而来的；父子之间还真的有断绝关系的。看来“生气”在生活中无处不在，也很难避开。人老了能躲得开吗？“和气生财”“和为贵”，这是老祖宗流传下来的至理名言。虽说是“忍气吞声祸自消”，但对“生气”要克制住并不容易。

养老院曾住过一位姓李的老大爷，八十一岁，他曾是一家大企业的炊事员，生养有一双儿女，也都各自成家另过，老伴去世，孤身一人才来养老院。儿子是老伴从她前夫家带来的，来时只有三岁，虽然不是亲生的，但对李大爷来讲却胜似亲生，即人常说生的不亲、养的亲。李大爷把他养大成人，供他上学读书识字，然后给他盖新房、娶媳妇。女儿是亲生亲养，已经出嫁，同样生育一双小儿女，小日子过得和和美美。儿女都各自顾着各自的家。可李大爷老了，老伴去世了多年，耄耋之年，自然什么也做不了了，只有靠自己那点养老金，恓惶地打发着时光。女儿那边住几天，回来儿子这里住两天。因女儿是和第二任老伴婚后所生，也难免儿媳妇怀疑李大爷偏心，把养老金都给他女儿了，因此也常为这事生气不和。李大爷为儿子在城里购房也添补不少，但却换不来儿媳妇一个笑脸。所以李大爷自己想住养老院，虽说养老院收费不是太高，自己负担得起，可是儿子却不同意把钱送到养老院，声称若李大爷坚持一定要去，就必须把养老金的存折交给他，由他给养老院交费。李大爷当然不情愿了，就去女儿家长住了一年，儿子为此过年过节也从未打个照面。李大爷心里自然不高兴，就与女儿商量要回儿子家。但是儿媳妇却说："回来住可以，得把存折交出来。"女儿无法，想把老父亲送养老院，又怕哥哥将来因为钱和她生气。李大爷向养老院的负责人赵老头儿前言不搭后语地诉说了自己这件难以启齿的家庭丑事，虽得到了养老院赵老头儿的同情和理解，但住养老院要征得家属的同意，还得有亲属的签字，赵老头儿也实属无奈。

李大爷对此事很发愁，为了住这养老院，和儿子、女儿生过多次气。迫于年龄大，都八十多岁的人啦，家不和邻里欺，让街坊邻居笑话，怕没脸见人，李大爷心想："假如放在我年轻的时候，谁敢不听话，我就揍谁。唉！现在不行了，自己的脾气也改变了，和以前的我大不一样了。他们都成大人了，也有了自己的儿女，我也无力气，说也说不清，打也打不动了。都怪我在他们小的时候看到他们有错，见他们幼小，心软又舍不得揍他们，给娇惯坏了。儿子来我家时只有三岁，我身为继父敢打吗？人说小树不修不成材，棍棒之下出人才，巴掌下面出孝子，现在说什么都晚了。教不严师之惰，子不教父之过，都怪自己，只能哑巴吃黄连，苦吃苦咽。"

好事多磨，经过这一年，几经商议，儿子最终还是把李大爷接回家住了。但儿媳妇整天不给个好脸色，时间稍长李大爷就受不了了，就又去女儿家里住了几个月。最后还是女婿在兄妹俩之间沟通协商，儿子才同意送李大爷去养老院。

但入住养老院，按规定需要办理一些相关手续。李大爷的儿子又节外生枝拒绝签字，并说："要让我签字住养老院，得先把存折连同密码交给我。"还是为了钱。女儿胆小做不了主，最后由女婿签字李大爷才住进养老院。

想住个养老院竟这么难，不是无钱，也不是没有好住处，是自己的儿子不明白这人老了有多难。你当儿子的就不老吗？你父亲养活你，就是为了以后给你钱？不给你钱就不管养老吗？你小时候没有钱，不给你老爸钱，他就不抚养你，这样能行吗？你长大成人了，娶妻养子，你现在的孩儿尚小，他能挣钱给你吗？不给钱难道你就不去尽抚养义务吗？老不养小，小不养老，这人类还能延续吗？亲情何在？你孩儿如果将来和你一个样，你可怎么办呀？真是不可思议，唉！这想不到的事儿少有，做不到的事儿也太多了。

五　生病后

人只要活着就会生病。生老病死谁都得经历,而且不分男女老幼。因此,医生成了社会上最热门的行业,医护人员也就成了最受尊敬的职业。但是,却因为收受红包被蒙上阴影,玷污了神圣而崇高的事业。有的医生被利益驱动而丧失了人道主义,丢尽了白衣天使的脸面。有人讽刺说:“白衣天使黑心肠,也和贪官一个样。”

有病了就需要送往医院去治疗,无病而有条件的还会常常去医院做个体检什么的,看看自己有病没病,有病早治,没病预防。

谁要是去医院看病都会体验和感受到它的特点。一是除医保外,没钱不行,看病与治病双方从来不会与你讨价还价,在医院的窗口开票收款,要多少你就得给多少,因为医院收的是救命钱,你命都没有了,留钱有何用? 二是不听医生的话不行,医生让你做什么检查你就得做什么检查,都得照着医生嘱咐的来,医生的话就是救你命的话,你不听医生的话就是你不想活了。

养老院里刚刚住进一对六十五岁的夫妻,男的姓周,老婆姓史,在养老院里是年龄不大的老人。他俩都是土生土长的农村老人,有两男两女共四个孩子。老两口住养老院的费用全由儿女们分摊。儿女们外出打工多年,都已成家立业,也都在县城买了房,搬到城里居住。子女们身边也有了自己未成年的儿女,这上有老,下有小,正当紧要关头,肩上的担子都不轻松。头疼的是周老汉脑梗死只能半自理,老婆是脑萎缩已完全失去自理的能力。这么两个老人命也够苦的,半失能人伺候个半呆半傻的人。儿女们都各忙各的,也没有时间照顾。初来到养老院,周老汉在餐厅吃完饭,再一手拄着拐棍一手端着一碗饭,给他老伴送到房间。老婆看着碗里的饭,只知道慢慢端起碗来送进嘴里咽下去。大概她感觉是肚子饿了,要是肚子不饿,她连饭也不知道吃。吃了饭,就待在那里傻坐着,开着电视机,但也不一定是在看,她看也看不懂。

周老汉自知命苦,心想老了给儿女们添了不少麻烦,倒不如死了的好,也想到过自杀,但又觉得死了没人伺候老伴,这是他的心病,可他自己自理都很困难,这样给老伴早穿衣服、晚脱裤子,每天端吃、端喝,这到啥时候是个头?还有老伴常尿裤子,甚至拉屎也不知脱下裤子,儿女们送来的尿不湿,给她垫上,她只知道拉出来,扔在一边,她不爱用,周老汉只能干着急,拿她没办法。

县级的养老院,服务和护理条件有限。一天,院长赵老头儿碰见周老汉拄着拐杖下楼,问他:“上哪儿去?”

周老汉嘴角流淌着口水答道:“我去街上转一趟,也想回家看看。”

“你回去,史大娘谁管,你把她扔在这儿不管啦?”

“不,你们帮我照顾她几天,我让服务员给她送几天饭,我女儿会付给他们小费(服务费)的。等我儿女有工夫再来伺候他妈吧!我已是废物,伺候不了啦。”说完下楼来,走了几步,又转回头看了一下,然后一趔一瘸地走出了养老院。

几天后,养老院也没有周老汉的音信。送饭的服务员给他的儿女们打电话询问,说女儿和小儿子陪周老汉在市医院看病。史大娘没住医院,比史大娘身体稍强的周老汉倒先住进医院了。一家两个老人有病,兄妹四个这个忙工作,那个事情紧,有的家里的孩子小没人照看离不开。没办法，女儿和小儿子，只好扔下家里一切事务，硬是在百里之外的市医院里陪同伺候。

十天后，周老汉从医院回到养老院，小儿子和小女儿，两个人扶着周老汉艰难地上了楼，周老汉看样子不是太好。

院长赵老头儿问他们："这是出院了吧，你父亲怎么样？"

"好些了，回来慢慢养吧！"小儿子满脸愁云地答道。

院长随后跟着，进了他们的房间。眼看着周老汉自己上不了床，但他老伴却傻乎乎的，脸上一点表情都没有，在床上躺着一动不动。小儿子费了好大力气，好不容易才把他父亲挪到床跟前，然后再抱起双腿，总算把周老汉安顿在了床上。院长赵老头儿从来没见过他大儿子，见面的总是周老汉的大儿媳妇，看来这个家是大儿媳妇说了算，有事情得和他大儿媳妇说。

院长赵老头儿当即就对大儿媳和小儿子、小女儿三人说："咱养老院可不是医院，我看你父亲的病还没彻底治好，你们看他，身上软绵绵的，需要你们兄妹四个，还有两个女婿两个儿媳，轮流看护，父母都病成这个样子了，正是需要儿女们的时候，千万不敢再离了人啦。"

大儿媳一声不答话，小儿子、小女儿扭头看了看嫂子，也低头不语。中午快12点要开饭了，赵老头儿简单叮嘱完就离开周老汉和史大娘的房间，去食堂照料中午开饭。午饭快要结束时，服务员上楼去给他们老两口收拾碗筷，突然发现周老汉满脸、双手都是血，看上去很是恐怖。服务员立马拨通大李、小王的手机："快快上来，303房间出事了。"

赵老头儿在一旁听到，心想不好。转身跑上楼去，看到窗台上有血迹，估计是周老汉碰到窗台上了。他很快去办公室找到周老汉小儿子和小女儿的手机号,分别接通,通知他们快来处理。不一会儿两个儿女都来了,他们没有求助120急救,可能也是为了节省点钱,打出租车送往医院去了。

养儿防老,但能防得了吗?独生子女吧,等到自己老了又怕照料不过来,多生一个可到时也不一定能来;如果两个老人同时病了,儿女多了也不一定能使唤上,他们会互相扯皮,推来推去,真是人多事乱,龙多天旱,三个和尚没水喝。

等他们一家从医院回来后,赵老头儿问周老汉小女儿:"我给你们说好不能离开人,因是两个不能自理的老人,为什么你们都要离开,胆儿还真够大的。"

"我嫂子说要回去商量商量,计划一下怎么来轮流照看。这不我们正在那边商量,这边就出事了。"小女儿接着又说:"我们去医院急诊室给他包扎了一下,眨眼又花掉了几百元。上次在市医院住了十天,不算吃住其他,花了一万多,还没完全给治好,钱就是这么扔。我们遇到这样的老人,没办法,真愁人。"

一家有八个第二代,老人病了,都没人主动靠前。养老院的老人们看到这种情况,心也寒了。养儿不在多少,孝儿一个就好。这人老了就怕生病,有病有难才能考验儿女们的孝心。儿子要孝,儿媳妇必然孝,夫唱妻和。

周老汉和史大娘有病,实属身不由己。生病谁想啊!谁都不想生病。

怎么才能不生病、少生病呢?

一不生气。百分之九十以上的疾病都和情绪有关,控制好情绪,就可以少得病。

二不熬夜。一般睡眠以晚上九点至十点到早上五点至六点为正常睡眠时间，睡眠时间长七至八个小时，不得少于五六个小时。

三不乱吃。不乱吃东西，不暴饮暴食，不嗜荤如命。

四不久坐。不久坐不动，多活动才能健康长寿。

五不较真。神经系统的弦始终绷得紧紧的，内分泌就紊乱了，器官就会受不了，身体就出问题了。

六不伤心。当出现伤心情绪时，要学会倾诉。找朋友、家人聊聊天，不能憋在心里。要适当发泄，来减少压力。

七不压抑。长期有压抑、焦虑、沮丧、苦闷、恐惧、悲哀等不良情绪，会引发癌症。

八不透支。在工作上是拼命三郎，弦始终紧紧绷着，极易导致体内分泌和神经系统处于紊乱状态，身体自然就会不好了。

九不要太操心。长期不良情绪会造成胃肠功能紊乱，进而容易诱发各种疾病。

十不要太孤独。老人易患忧郁症、失智症及心血管病症。一定要有人陪伴，使老人不至于感到孤独寂寞。

那么要是生病了指望谁呢？

指望子女？久病床前无孝子。

指望老伴？老伴自顾不暇无能为力，也要花钱养病。钱不是万能的，但没钱是万万不能的。

事后，养老院的老人们都在议论，说法有很多。有的说是周老汉回老家喝农药，中毒等死，幸亏农药失效，发现得早，及时送往上级医院急救，才救回一条老命来；也有人说是儿女们不孝，他不想活了，就割手腕自杀。到底是什么原因？不清楚。反正是一个脑梗死病人，手脚行动不便，伺候老伴没能力，困难得不能再困难了，苦也不能再受了，真的是支撑不下去了，只求一死便一切就清静了。

六　怕跌倒

九十多岁的吴大爷，是养老院里年龄最大的一位老人。吴大爷身体还不错，行走不用拐杖，平时闲不住，还要找点小活儿做做。不是去打扫卫生，就是去种花，或者拿起镰刀割草，有时还会编个箩筐什么的。也有老人劝他说，你年龄大了，什么活也别做了。但他就是不听，每天还是要编一会儿筐子。有一天他一边编筐一边嘟囔着说："不了，我筐子编不动了，不了，不编了。"说着便拿起那个还没有编成的半拉筐子，甩在十几步远的一个台阶那边。过了几天，他又放心不下，又慢慢走向台阶，刚抬起左脚，一不小心被台阶绊倒，摔在地上起不来了。几位在旁边晒太阳的老人见状，赶忙走过去想要扶他站起来，可他怎么也站不起来了。满嘴嚷嚷着："好疼，啊呀，疼……"这时候，院长赵老头儿在屋里听到外头乱糟糟的，跑出来一看情况不妙，很快在三位老人的帮助下，把吴大爷从院里背进宿舍，及时打电话通知了他的儿女们。儿女来后很快拨打了120，用救护车把他送往医院。吴大爷人缘好，随后有几位老人还去医院看望他。听医生说，老人跌倒很容易骨折，因吴大爷年龄太大，他的大腿部及骨盆确诊已骨折，而且高龄老人已不宜再做手术，以后双腿就可能再也站立不起来了。

养老院老人跌倒事件时有发生，虽然拄拐杖的不在少数，但是仍然不断发生老人跌倒现象。几天前，王大爷在走廊里散步，因他有脑梗后遗症，每一步都不离拐棍。王大爷常常一手拄着拐棍，一手扶着墙上的护栏，两腿交替着左一小步、右半小步地向前移动，上身还前一探后一仰地配合着，摇晃得东倒西歪才挪动一步。他走得很慢，上身一摇晃，下身用很大力气才可以迈出一小步。这天他没摇晃好，一下子失去平衡就跌倒在走廊上，仰面朝天地躺在那儿。手不能动弹，腿脚也不听使唤，只能含糊不清地叫喊着："空（快）、空（快）、空（快）来人！"

这时候，院长赵老头儿正好路过，前后看了看，走廊上也没见其他人，只有王大爷一个人仰躺在那儿。他便赶忙走过去想拉着王大爷的胳膊扶他站起来。王大爷却指指腰，嘴里嘟哝着："拥（腰）、拥（腰）。"赵老头儿一看手势，明白是让从背部拦腰搂着抱起来才行。毕竟是养老院的管理者，赵老头儿知道老人跌倒时，怎样去扶比较容易起来。赵老头儿扶着王大爷先让他坐起来，将双腿扭向走廊墙根，一用力扶了起来。对这样半瘫痪软弱无力而跌倒的老人，两个人最好，一边一个搀扶着胳膊，就能毫不费力地扶起来。可是眼前就一个赵老头儿，只能借助身边物体的阻力反作用，要不然一个人扶起一个一百多斤重的人还是比较难的。况且赵老头儿也是快六十岁的人啦。

赵老头儿扶起王大爷，还不能很快就离开他身边，慢慢扶住他问："怎么样，疼不疼？"

"铺（不）、铺（不）、铺洞（不疼）！"

王大爷边说边用手扶住墙上的护栏。赵老头儿给他拾起地上的拐棍，让他紧紧握在手里。然后又问："没事吧？没事我走了，你慢慢回房间吧！"

王大爷点点头，又开始了他每天的锻炼。像个小孩子一样摇摇摆摆，晃晃悠悠地坚持着慢慢走。这一次还好，跌倒后没有造成更大损伤，也算是烧高香了。

赵老头儿在养老院的三年之内，已经历了六次老人跌倒的事件，平均一年两个。有两个老大娘都是八十多岁，上卫生间时突然跌倒，儿女们送往医院诊断不是脑出血就是脑供血不足，或是高血压、低血压，心脑血管病是主要原因。也有幸运的，两个老大爷跌倒轻微骨折，经过治疗，半年后痊愈，完好如初。尽管如此，赵老头儿还是常常提醒所有老人走路小心，出门一定要拄拐棍，特别是在冬季下雪天，不要出门，老年人不能不服老。

老年人要服老，有些闲心得少操，大事交给子女办，记性不好忘事快，出错耽误多遗憾；年迈体弱悠着点，操劳过量腿脚慢，劳神费力落埋怨，万一跌倒惹祸害。

俗话说："不怕老人跑，就怕老人倒。"摔一跤，对年轻人来说也许并无甚大碍，但对老人而言，恐怕今后就再也站不起来了，需要坐在轮椅上，度过他这一生最后的时光。吴大爷这艰难的日子，在后面还有多长时间？尽管九十多岁高龄，坐轮椅这难熬的日子还得过。看这人老有多难，自己受罪不说，还得拖累儿女们，这一下子可真正成累赘了。

七　乐逍遥

不知谁写了首《乐逍遥》:“子女上进只能劝,成也自然,败也自然;儿孙之福不在爷,有也由天,无也由天;爱也罢,恨也罢,心胸爱恨皆无挂,有缘无缘前生定,爱就爱了,恨就免了;苦也罢,乐也罢,酸甜从来伴苦辣,笑口常开大智慧,苦也哈哈,乐也哈哈。”

微信上言传:老人不向子女低头,要靠自己,我还能行,我做主,不要依赖子女们。他们有自己的家庭、孩子,我们就不要过多插手他们的事情,而要过好我们自己的生活。歪理有歪道理,不信在这儿摘出几句,你们看一看:你一笑,神就来;你一气,鬼就来。神一来,鬼就得走,这叫神出鬼没;花可真难养啊,我天天给它浇水施肥,可它还是死了——有时候,养儿女也和养花一样,关心过度了并不能得到好结果;为了想清楚昨天为什么失眠,今天,我又失眠了——有些事情想不明白就不要再想了,想多了只会增添更多烦恼,不如想开一点,随它去;发怒一分钟,便失去60秒的幸福——光阴如此短暂,生活中一些无聊小事,又哪里值得我们花费时间去生气呢?当你不开心的时候,想想自己还能折腾多少天,想明白了,你就再也不会生气了。

有人说,到老年,家庭成了生活的重心。如何与儿女和睦相处,又成了一门重要学科。而这门学科最核心的内容其实就两个字——放手,舍得放手退出儿女的生活。儿孙自有儿孙福,别为儿女做马牛,这句古话流传至今,是因为它说得的确有道理。

这世间的人情世故，要自己亲身经历过才会懂得。身为父母，你永远无法替代子女，并过好他们的一生。所以要懂得放手，让他们自己去闯、自己去活，这是对子女最好的关爱。放手，是对自己的一种善待；不过多干预儿女的生活，给彼此空间；不过多插手儿女的事情，给他们支持；不要总想着给儿女存钱，给他们信任。

八十三岁的郑有德老汉，在活动室里把七十六岁的常得兴老人训得哑口无言。常得兴老人常说他的三个儿女不孝顺，两个儿子，一个女儿，一个不如一个，只知道向他要钱。郑有德训斥道："那你怨谁，你不懂得最大的敌人就是你自己，都是你的问题，还敢开口。子不孝，父之过。教不严，师之惰。还不都是你从小惯的，如今为时已晚，说啥也无用了。另外我觉得你可能没有做出个好样子，在过去也不知孝顺你的父母，对你父母不好，子女们是从你身上学来的本领，也不是不可能呢！再说了，儿女只知道向你要钱，钱是你的，你不给他们，他们还能做什么？"常得兴大声辩解说："我知道这家丑不可外扬，家家都有本难念的经，你只是不把丑事向外说出来罢了，我只是说出来了。你知道《红楼梦》里面的《好了歌》吗？'世人都晓神仙好，唯有功名忘不了！古今将相在何方？荒冢一堆草没了！世人都晓神仙好，只有金银忘不了！终朝只恨聚无多，及到多时眼闭了！世人都晓神仙好，只有娇妻忘不了！君生日日说恩情，君死又随人去了！世人都晓神仙好，只有儿孙忘不了！痴心父母古来多，孝顺儿孙谁见了？'我认为最好还是有钱，有钱能使鬼推磨。我只感谢共产党，共产党每月发给我三千多元的退休金。在养老院里每月花不到一千元，这都是共产党的关怀和照顾，我老汉工作了一辈子，不会忘记共产党的恩情。把儿女抚养大，要儿女们来回报，我今生没那福气。还是共产党好，胜似亲生父母。年轻时为党出过力,也作过贡献,如今老了,党发钱供你养老,为你送终,我很知足。”郑有德说:“我是国家给的我不算多,还常常吃药,儿女们每月都少给添补点。我的四个子女,从小就是在棍棒底下教出来的,从不宠、不娇、不惯,这小树不修不成材,玉不琢不成器。要知道这娇子如杀子,棍棒下面才能出孝子。等到他们都长大了,翅膀硬了就迟了,就管不了,你连自己都管不了了,还顾得去管儿女们的事?”

在网上相传说:

十岁时挨爸妈打,哭了;二十岁时挨爸妈打,怒了;

三十岁时挨爸妈打,忍了;四十岁时挨爸妈打,笑了。

十岁时因为无知而哭泣;二十岁因为不解而发怒;

三十岁因知晓是非而忍耐;四十岁因懂得感恩而微笑。

从心理学上看,有时候父母打骂孩子,也许这在他的信念里,就是爱自己孩子的方式。每一次打,不是仇恨,而是望子成龙,盼女成凤,都是恨铁不成钢。希望未来,儿女不要惹爸妈生气。

俗话说:“三岁看小,七岁看老。”父母很多时候只想着怎样让孩子变优秀,能考上名校,却常常忽略了要孩子孝顺。一个能从小做到孝顺父母的孩子,他的品性一定不会差,未来一定会美好。

心软是害,狠心是爱,谁溺爱孩子,谁总有一天会为孩子包扎伤口。现在独生子女多,教育很重要,打是亲,骂是爱,不打不骂就是棵菜。管好孩子,要文武双管齐下手,德智体全面发展教育。

八　有异味

王大爷有一个八岁的重外孙女，是一年级的小学生。有一天，她和母亲一起来看望她外曾祖父和外曾祖母，外曾祖父和外曾祖母住在养老院104号房间。今年，这俩老人都八十三岁了。这个重外孙女每次一进房间，就把自己的鼻子用小手指捏起来。外曾祖母便问："干什么来了，啥毛病，来了老是捏着个鼻子，你这是扮的什么样儿？"小姑娘毫无顾忌地说："这屋里老是这么臭，臭烘烘的，臭死人了。"王大爷有前列腺炎的毛病，很多年了，尿失禁虽然不是很严重，但是裤裆屁股底下老是湿的，难免有尿臊气。年老怕风，又懒得动，窗户又不经常打开通风换气。外曾祖母觉得很尴尬，王大爷却认为重外孙女儿还小，不懂得要注意对人礼貌，对这些不礼貌的举动满不在乎。只是旁边的外孙女看到后，大声训斥几句自己这不懂事、没礼貌的小女儿，小孩儿家也只好受一次冤枉气。

汗味、烟味、卫生间味、常不洗澡的味、衣服长时间没洗没换的味，这真是五味俱全，混合起来难闻的异味污染着整个房间。你想这都多大岁数了，都是一些七老八十的人，随着年龄的增长，大都变得懒惰起来。如食物刚吃了几口不想吃了就放在一边，又舍不得扔掉它，想吃时拿起来就吃，吃一口感觉味道不对，后来就忘记处理掉，在那儿散发着异味；衣服该换洗了，刚刚还想着这件事儿来，可一会儿就忘记了，不记得自己还有洗衣服这件小事情。反正老了，也不多出门，洗不洗、干净不干净还有谁看，算了，改天再洗。这一改天，就是几天、十几天以后的事情了。手上稍有脏物顺势在衣襟

上擦一擦,反正这衣服快洗啦!可是旁人要和他们在一起,就得闻他那脏衣服的汗腥味。老人们时常这样哼哼道:

老来难来老来难,劝人莫把老人嫌,
当初只嫌别人老,如今轮到我面前。
年轻人来笑话咱,说我糊涂又装蒜(憨),
亲戚朋友人人恼,儿孙媳妇个个嫌。
豁牙漏齿口流涎,硬物难嚼囫囵咽,
一口不顺就噎住,卡在嗓中噎半天。
强忍难受脸色变,眼前生死两可见,
儿孙不给送茶水,反说老人口头馋。
懒洗衣服没人换,味道难闻谁近前,
老年如同是废品,异味扑鼻谁待见。

老年人异味来源有几点:一是疾病,如糖尿病、脑血管病、口臭、痰臭、胃肠病、腋臭等;二是空气质量,老人怕风、怕凉,不常开窗通风换气;三是卫生间异味,老人常常大小便后忘记冲洗等;四是长期不洗澡,内衣内裤也不及时换洗,前列腺炎等慢性病带来的烦恼,手、脸也懒得勤洗或老是卧床不起。老人的懒惰是邋遢和异味的主要原因。

老人身上发出来的特有味道,这股味道老人是感觉不到的,但是身旁的人就会闻到,不是臭味,但是这种味道很特别,闻着会有一定的不适感,这种特殊的味道就是“老人味”。敬老院、养老院、托老院、老年公寓……只要是老年人聚集的地方,就难免有这种味儿。要是幼儿园、托儿所就是奶香味道,再加他们父母的勤洗勤换,和老人院的味道比起来可不一样。全国的养老机构大多如此,除非在比较高档的养老机构里,每天有人给洗衣服、换床单被褥,特别是内衣内裤,或者是定期给洗澡擦身;保持房间和卫生间干净无臭、无异味,厕所打扫清洗得干干净净。在一般情况下,养老机构要做到这些还真不容易。除非在北京、上海等发达的大城市,收费较高,才能做到。不仅县级养老机构达不到不说,一般的城市也还达不到。在硬件方面也不够完善,软件方面还有工作人员的工资、待遇、素质等都与发达地方差距较大。这些都需要资金的投入和政策上的大力支持,不像开办幼儿园,在社会上,孩子们是祖国的花朵,是未来的希望,又有父母的宠爱和关怀备至,幼儿园就比养老行业吃香很多,所以过"六一"节就比过重阳节热闹。

老年味也有人叫"老年臭",是年纪大了很容易出现的气味,再加上老年人的一些不良习惯。虽然对身体健康没有太大的影响,但是会令人非常尴尬。如果有良好的生活习惯,比如注意个人卫生,保持充足睡眠,多喝水、少吃肉,多吃蔬菜、少喝酒,就能大大减轻老人味。

这所养老院受条件所限,每个月只洗外衣和被褥两次。有些儿女常去看望老人,带上吃的、喝的,还有干干净净的衣服,给老人家里里外外都换下来,拿回去再自个儿洗洗,要做到这些还得有孝顺的子女们来配合,不然这老年人的生活也不会怎么好过了。

九　性懒惰

人到了七十岁以上，大多数便懒得行动啦，一坐下就想多歇一会儿。有人常这样说：一岁登台亮相，十岁天天向上，二十岁远大理想，三十岁基本定向，四十岁各样吃香，五十岁发愤图强，六十岁告老还乡，七十岁打打麻将，八十岁晒晒太阳，九十岁躺在床上，一百岁挂在墙上。这话不假，冯老汉年近八旬，只要天晴无雨，总在院里的墙旮旯儿一坐半天一动不动。冬天比夏天更需要太阳，他晒太阳的目的不只是为了取暖，他是当过教师的人，知道晒太阳会增加钙的吸收，防止老人缺钙，老人缺钙那就会更懒。

冯老汉是个典型的大懒人，懒得连衣服和裤子都不想穿。他住的房间真的是脏、乱、臭。说臭是因为他房间的窗户从不打开通风，就连窗帘也懒得拉开，房间光线阴暗，密不透风，室内空气可想而知。连他的儿孙们来看他，也不愿在他室内多待一会儿，甚至连干净的坐的地方都没有。铺的盖的床单被褥也不常洗常换，养老院里每月要为老人洗两次外衣外裤，他都懒得脱下来洗。儿女们给他来换洗换洗，他不让。给他整理整理房间，他就是不行，训斥儿女："别动！我的东西我自己整理，你们来一动，我什么也找不到了。这屋里乱是乱，但东西都放置有数，我随手找到、顺手能拿到，随拿随放，这样方便。"因此，他的床头放着尿盆，也放着碗筷。这老年人大都小便次数多，所以上厕所就多。冯老汉住的是普通房间，没有卫生间。他就把尿盆子放在自己的床头，随时能用，尿盆子满了，再上厕所去倒一次，这样能少跑好几趟洗手间。

人到老年，还有一种行为叫"偷懒"。这种"懒"在年轻人身上要不得，要是老年人就不一样了。比如，懒得去管儿女的事，懒得去想那些烦恼，懒得生气，懒得走动，懒得存钱，科学地偷懒、合理地偷懒，就能越懒越快乐，越懒越长寿。

有些经验的老人说，懒一点的老人没有那么多条条框框，反而生活得更随性，更随心，更随意，想干什么就干什么，不亦乐乎。

锻炼也可以"懒一点"。天气不好，身体不适，千万不要硬撑着去锻炼，偶尔也要让自己偷个懒。

老人懒一点心更宽，为什么？因为"懒得宽"，不去计较伤脑筋的鸡毛小事，不去想太多，生活难得糊涂，反而落得一个坦然、清净、心宽。但是最重要的是要把握好"懒一点"的度，适度的懒是放松，适度的懒是休闲，适度的懒是爱自己的一种表现，不妨就学着来"一点懒"吧！

冯老汉在花钱上还很抠门儿，但舍得给服务员小费，让服务员送饭到房间，然后就趴在床边上，一边享受一边就餐。所以说他尿盆和吃饭的碗筷都放在一起，这样不挪动地方吃喝拉撒就都能办到。

特别是他的枕头和枕巾，老是脏兮兮的，从不让儿女拿去洗洗，自己也懒得换一换。其他老人进屋看见时，便说："冯老哥，你的枕头里装有多少银圆，还是有多少元宝，永不让人动，连自己也不敢去洗一洗。"说罢便哈哈一阵大笑。冯老汉也满不在乎，心里想你笑就笑吧，一个人有一个人的生活方式，你管得着吗？

冯老汉爱看书，有时也爱跟其他老人吹牛，说他教书育人怎么优秀。可有人说他在反"右"时，差点成了"右派"分子。因为他的懒惰，服务员都不愿近前，能躲就躲着他。有一天他看见服务员正和几个老人在走廊里闲谈,就叫道:“来来来,有事。”

服务员不得不进房间:“有什么事?”心想这懒得不讲卫生的冯老汉能有什么好事。

“没事就不能进来坐坐?”

“什么事,说吧,需要我们给你打扫打扫卫生?”

“这不麻烦了,我想给你念段顺口溜,是前几天有个老伙计来看望我,给我抄写了一首《了了歌》,让你们听听我们退休老人的心思。”

“好! 念吧!”跟着进来的三个老人也听冯老汉念叨。

退休了,不干了,革命生涯到站了。
解放了,轻松了,不用按点出工了。
养老了,不动了,歇着也能挣钱了。
自由了,随便了,全凭自己心愿了。
天南了,地北了,大好河山玩美了。
参观了,饱览了,艺术珍品开眼了。
诗歌了,小说了,古今名著看多了。
电脑了,微信了,老夫与时俱进了。
上网了,刷屏了,生活缺它不灵了。
购物了,旅行了,花钱不再心疼了。
高铁了,飞机了,出国也挺平常了。
体验了,开悟了,参透人生之路了。
不比了,不攀了,日子过得简单了。
杂粮了,稀饭了,饮食讲究清淡了。
鞋帽了,服装了,只求舒适健康了。

腰弯了，背驼了，量量身高又矮了。
骨软了，筋短了，遛弯也走不远了。
膝僵了，腿疼了，不拄拐棍不行了。
耳背了，声大了，老来学会打岔了。
头晕了，眼花了，瞧着老伴像妈了。
没牙了，胃小了，刚吃几口就饱了。
烟戒了，酒减了，没喝二两上脸了。
尿频了，觉少了，喜欢清静怕吵了。
过年了，团圆了，孩子一闹又烦了。
肩疼了，臂麻了，这手啥也别拿了。
活少了，病多了，难受劲儿甭说了。
这疼了，那痒了，自己忍着不嚷了。
排队了，挂号了，整天忙着吃药了。
检查了，化验了，无可奈何住院了。
养生了，保健了，想想还是被骗了。
理财了，炒股了，终于当上分母了。
两虚了，三高了，当年豪气全消了。
夕阳了，傍晚了，青春一去不返了。
不野了，不疯了，小伙变成老翁了。
不争了，不吵了，双手一握和好了。
谁胜了，谁赢了，相逢一笑扯平了。

"怎么样？这比红楼梦里的《好了歌》还编得顺口吧？"冯老汉看着几个人说。

"不怎么样，不就是了了了的，你没数数有多少个'了'吗？听着像是专对照你这懒惰编的。”几个老人笑着说。

“数了，一百零八个‘了’。”冯老汉很认真地说。

有个老人插话说：“我有人生九个‘了’。好不好不在多少，而是在精练，不信你们听一听：昨天越来越多了，明天越来越少了，一吃了之，一睡了之，一骂了之，一笑了之，一走了之，一死了之，一埋了之。”说得一伙儿人都哈哈地大笑起来。

冯老汉骨瘦如柴，也没什么大病，八十多岁，头脑清楚，耳不聋眼不花，时常看些杂书，读书是他的爱好。像《孙中山传》《雍正王朝》等书，还有医药书他都看。所以他活动时间很有限，身子骨懒洋洋的，脑筋倒是还勤快。养老院里的老人是药不离口，但他大多吃的是去痛片。不像其他老年人糖尿病、高血压、心脏病，不是降压药就是治糖尿病的药。他的缺点就是不运动、不动弹。冯老汉有自知之明，他知道自己最大的毛病就是懒惰，懒人天生就懒，勤快人天生勤快。新老人的标准是：

八十岁的年龄，七十岁的模样，
六十岁的时尚，五十岁的包装，
四十岁的追求，三十岁的理想。

还有老人不算老：

六十岁人比较小，七十岁还满街跑。
八十岁人还很俏，九十岁可随便找，
一百岁的老人精神好得不得了！

十　真邋遢

不利落、不整洁，是少数老人懒起懒做的主要表现，让人嫌弃讨厌。他们想动身不由己，心有余而力不足，这几乎成了老人们的通病。

人人都会老。生老病死，年龄大小这都由不得你。春夏秋冬，气候随着节令变化。时间对人最公平，寸金难买寸光阴，再有天大本事，再有能耐你都无法改变和阻止时间不停地向前，既慢又迅速地、不知不觉地流逝。

陈老爷子有四个子女，个个干净利落，家庭条件都不错，小日子都过得红红火火。而八十四岁的陈老爷子在养老院不是躺在床上，就是趴在床边，整日与床为伴。他与前文说的冯老汉十分相似，有两个共同字——“懒惰”。除上厕所是万不得已外，总是趴在床边看书。一辈子近视眼，老了老了，还在光线不太好的情况下，不戴眼镜看字体很小的闲书，熬日子打发着晚年的时光。

陈老爷子和冯老汉的共同点都是枕巾不洗，床单不换；一件外衣常年穿着，不破不换，所以很脏。夏天太热时，干脆只穿一条短裤。全凭自己很少走出房间，不然别人看到，还以为是个半疯半傻的老人。人老不怕丢人现眼，只要自我感觉舒服就好。

邋邋遢遢在养老院里可不是小事儿。人老了懒点可以，但千万别懒在穿衣戴帽、洗涮卫生上。要保持艰苦朴素的革命传统可以，但要记着整洁干净。这年头世界都变成了地球村，国与国、人与人之间的关系更加紧密，别因为自己的邋遢影响公共场所及家庭的环境卫生。要知道你的卫生、你的穿戴不是你自己的事，那是你家庭的招牌和子女的脸面。你不在乎不行，因为还有太多的人在乎你。

陈老爷子去餐厅吃饭时，常对其他老人说："我知道我邋遢，一辈子就这毛病，改不了了。手脚老了也不灵巧，懒得动。但脑袋还不懒，要不饭后咱俩下盘棋比比?"可别说，他下象棋还真不好对付，而且坐功很好，长时间不挪地方，也从不说累。

长时间看书，长时间下棋，在养老院里还没有人能和他比。其他老人都是晒太阳、打扑克、搓麻将、走路、锻炼身体，而他没有户外活动，在他的房间里，床上、桌上放着一摞一摞的老旧书籍。大家发现这些书都是他过去看过的，现在仍然翻翻看看。是在复读消磨时间，也是想要以此消除孤独和打发时间。下象棋、看闲书、打扑克、搓麻将、晒太阳，对年轻人来说就是在浪费时间，而对老年人就是幸福生活，安度晚年，自寻乐趣。

陈老爷子还告诉其他老人说："我想死，但死也没那么容易，只能就这么凑合着过吧！有吃有穿，能看书、能下棋、能睡觉，只要身体没病，不难受，不疼不痒就比啥都好！"这是陈老爷子在养老院里常对其他老人说的话，尽管老人们都不爱听他啰唆，但这话也不无道理，只因是不勤快、不受欢迎的邋遢的人说出来的，好话也沾上了异味。其实老人的异味、懒惰、邋遢是共荣共生，积习难除；至于忘事、脾气，这些又是身不由己而没办法。所以谁都不愿老，也都不想老，但又都得老，养老就成了大问题。好在我们中华民族素有"老吾老以及人之老"的良好风尚，再加之眼下社会制度的优越，养老院便成了人生旅途中的最后驿站及安乐窝。

养老院里有个张大爷，在餐厅里吃完饭，就直接用餐厅窗户的窗帘来擦嘴,也不嫌窗帘脏。其他老人看到也制止过,劝说这样不卫生也不雅观。但他就是记不住,养成了这种坏习惯,谁看到都感到恶心不已。还有个王大爷,一口馒头咬下,没吃进嘴里不小心掉在地上,他直接从地上拾起来就放进嘴里。

别的老人看到说:“地上脏,拾起来就不要再吃了。”

“脏什么脏,比肚里的屎还脏吗? 这样糟蹋了,多可惜。”王大爷说出来的话呛人得很,总让你哑口无言。

老人们在私下里都议论说懒惰是因为身体缺钙,实际上是身体有病的表现,多表现为疲沓、力尽。可是大多数老人都不愿意承认自己老了。

十一　忘性大

褚大爷曾在乡镇任过镇长，七十三岁，单身十多年。因患有脑梗死，寸步离不了拐杖，在养老院也有一年了。他的毛病是忘性太大，每天中午十二点吃过午饭后，睡一觉醒来，还要吃午饭。下午两点半从三楼拄着拐杖好不容易下到餐厅，一看餐厅空无一人，便大声吼叫起来："我睡着了，误吃饭了！"还常常责怪服务员没叫自己吃午饭，而且三天两头出这毛病，还得由其他老人给他三番五次的解释清楚才行。

重复着翻来覆去的对话："中午咱们不是在一个桌上一起吃的饭，你怎么就忘了呢？"

"吃的啥？"褚大爷又问。

"吃的大米。"

"不知道，记不得，我忘了，老糊涂啦。"

这年冬至节那天中午，褚大爷睡醒了。直接找到养老院院长赵老头儿说要反映问题。他说："今天是过端午节还是中秋节？端上的水饺我一个没吃上，都让他们给抢完了。"院长赵老头儿知道他有午饭后睡觉的习惯，一醒来，就记不清自己是否吃过饭。但中午吃的确实是水饺，褚大爷没有说错午餐内容，只是说没有吃到，赵老头儿感到奇怪。便叫来服务员和几位老人一起证实有无此事。

服务员说："中午他吃了一碗水饺，他们六个人在一张餐桌上吃的。是我亲自端上餐桌的，怎么给忘了？那您只是在餐桌前坐着看了看？"

另外几个老人又七嘴八舌地说："你怎么忘得这么快呢？明明你吃了一碗肉饺，又吃了半碗素饺。第三碗端上还是素的，你说吃饱了，不吃了，怎么能说你没吃到呢？"

"我记不清啦，不知道，我忘了还不行吗？"

"你是不是又饿了？"

"不知道！"褚大爷不耐烦地高声回答他们。然后就拄着拐杖不紧不慢回到房间。他的拐杖碰撞着走廊的地板砖和楼梯，有节奏地咯噔咯噔地发出了响声。

褚大爷最心烦的事，是常常把自己房间坐便器的下水堵塞，这让服务员也无能为力。全凭他有个孝顺的女儿，从外面叫来疏通管道的专业人员，把便池拆卸下来，钻探疏通再修理好，坐便池差点坏掉不能使用，女儿随后又千叮咛万嘱咐，可不要再往便池内乱倒杂物了。后来褚大爷自己房间的坐便池干脆不用了。几天后，大家发现三楼公用的女卫生间不通了，这真奇怪了，谁会想到是褚大爷的问题呢！再说了他是个老汉——男的。

连续半个月，隔三岔五，三楼女卫生间就被堵塞，老大娘、婆婆们实在没办法上厕所，都快急死了。服务人员被迫无奈，决心下功夫"侦破此案"。

一天半夜两三点钟，服务员悄悄观察，发现褚大爷从他房间慢慢走出来，左手拎着个废纸篓，右手没有拄拐杖，扶着墙上的扶手去了卫生间。不一会儿提着废纸篓走出来，等他慢慢回到房间，服务员检查了男女卫生间，看不出有什么异常，也没有看到有倒垃圾的痕迹。半夜三更不便打扰褚大爷，也不愿影响别人休息睡觉，服务员决定天明再看看是什么情况！

第二天早上，几个房间没有卫生间和不习惯用坐便器的老太太、老大娘们又在走廊里乱吵吵起来:“是谁这么缺德,天天堵女卫生间,这便池都不能正常使用,真是急死人。”

“是啊! 这养老院连这也管不了。”大家你一言我一语,怒气冲冲。

这事惊动了院长赵老头儿,他很是烦恼,叫来两个服务员大李和小王,用管道疏通机,通半天不行;就戴上手套,用手伸进便池内掏挖。结果从女便池里掏出很多纸、烟头,还有烟盒、塑料袋。一看烟盒是红河牌的,大李和小王非要查一查三楼是谁吸红河牌香烟。三楼住着十几个老人,八个是老爷子,其余是老婆婆们,吸烟的人只有褚大爷。这也太好查找了,不费吹灰之力。

大李和小王直接去敲褚大爷房间的门。“有什么急事,这大清早的?”褚大爷问他们俩,手里还捏着一支烟,桌上放着一盒红河牌香烟。

服务员大李便告诉他:“您可千万别再往卫生间的便池内倒垃圾杂物了。要把垃圾倒到旁边的垃圾桶里。”

“这是个什么地方? 都是些什么人? 专门来讹人。坏事都是我干的,谁见过? 做好事倒没有我的份,岂有此理!”褚大爷还觉得冤枉了他呢,发了一通脾气。

也难怪,人老多忘事,养老院里的老人在一起拉起话来:“嗨! 今天去药店买药人很多,服务员也忙,我付药钱后,人家收款处找给我零钱,我只顾数找的钱对不对,取药凭单和钱都对了,就直接装进口袋回来了,药就落到人家药店里了。”

“我是昨天去一个商店买些水果,服务员给我称好后并包装起来,等待我付款时,我呢,提溜起来直接就走,被人家喊住,说您还没付钱呢!”

“嗨嗨！这事办的。没用了！不行了！人老都是先衰老头脑和腿脚,这话一点没错。”

这还是些没什么大病的老人。像褚大爷患有脑梗死、脑萎缩,行动不便,忘事更快。自己吃过饭,从食堂走回房间就忘了,总说没有吃。更不知道把垃圾倒进垃圾桶。奇怪的是他却能把他两个儿子一个女儿的手机号码记得清清楚楚。你一问,他就能一字不差地说出来。这事又让所有的人佩服得五体投地。褚大爷时常会让别人替他给他儿子和女儿打电话。你要问他打电话有事吗？他回你一句:“怎么,没事就不能打电话问一问?”有时甚至一天能打十几次电话,烦得儿女们上班也不得安生。全凭知道他有这老毛病,无可奈何地顺着他,他爱怎么的就怎么的,随他好了。

十二　记性差

有笑话说四个老人打麻将，一圈后一人去厕所，上完厕所后便把打麻将这事给忘了，直接回家了。另外三个人久等，未见其归，决定寻找。但谁也想不起刚才和他们在一起打麻将的是谁了，不知该找谁去，只好各自回家。

岁月无情，趁着年轻你记得我，我记得你，没事便一起到处转转，吃吃饭，喝点酒，免得时间长了，大家都忘了谁是谁了！老人记忆力会衰退到什么程度，从一个房间走到另一个房间，就是想不起到这儿来做什么？忘了刚刚说过的话，变得啰唆唠叨。更有甚者，一位老人一次笑着笑着竟然就忘记自己是为何而笑。

刚来的卫大娘，与前文说的褚大爷有所不同，要说同病相怜，就是都患的是同一种病——脑萎缩。卫大娘八十多岁了，虽然忘不了吃饭，但出去一趟，回来时常常忘了自己住在哪个房间。房门都一个样，房间门上有编号，可她记不清。走进去只认识自己的东西，一看床上的被褥和房间摆设的物品不对，就很快出来。她腿脚利索硬朗，走路、上楼梯不在话下，护栏也用不着扶，就是没记性。全凭同室的李大娘照顾着才少出差错。

有一段时间，李大娘因病住了医院，留下卫大娘一个人，她就觉得很困难。房间、餐厅甚至厕所都找不到。全凭她有一双孝顺的儿女常来看望，在其他老人的帮忙和协助下维持着正常生活。

有次卫大娘出了大门，拐了一个弯就找不到养老院的大门口了。到后来大门是记住了,但宿舍的房间门几年了始终还是靠别人指点才找得到,要是让她辨别清楚实在是太难了。除此之外,她记人、记事也是迷迷糊糊,常把李四当张三。

老来难,老来难,老来究竟哪里难?有人已经总结出来了,大家一看就明白:

老来难,难改变的是习惯;老来难,难提高的是速度;
老来难,难做好的是细节;老来难,难处理的是关系;
老来难,难把握的是分寸;老来难,难实现的是自在;
老来难,难得到的是尊严;老来难,难分配的是财产;
老来难,难平衡的是心态;老来难,难控制的是情绪;
老来难,难战胜的是自己;老来难,难说的话是狠话;
老来难,难坚持的是本色;老来难,难找到的是知音;
老来难,难教育的是子女;老来难,难保持的是健康;
老来难,难得到的是体面;老来难,难解释的是幸福。
人人都有老来难, 劝君莫把老人嫌!
一定要把心放宽, 放下看淡顺自然!

上面所说的这些老来难,都是老脑筋的无奈。因为人老先老脑,就是首脑机关已经指挥不灵了,使唤不了自己的老胳膊老腿,也不可能让眼睛、耳朵、鼻子、嘴像年轻时那么好使唤了。

有一次不知什么原因,卫大娘的假牙不见了,吃饭都成了大问题。急得她屋里屋外找了个遍,也没找到。每天含在嘴里的假牙都能找不到,真是奇了怪了。她女儿问她,她说有可能是同房间的李大娘偷去了。她女儿说:“你瞎说啥,假牙也会有人偷?谁嘴里还没牙,偷那东西放她嘴里也不能用啊!”

“我不知道牙去哪儿了,含在嘴里就没有了,丢了。”

女儿急得没办法,只好陪着她去医院装新牙,跑了四五趟。一个月后,口腔科通知说新牙做好了。那天,女儿去养老院叫她一起去医院,可是卫大娘却把原来的假牙戴进了嘴里。问她在哪儿找到的?卫大娘说:“想不起来,总算找到了,又能舒服地吃饭了。”她女儿看着她妈妈又气又急,但又拿她没有一点办法。因失去记忆带来的损失,钱花了两三千,新牙做成了,但旧牙却戴进嘴里了,旧牙总比新牙要舒服好多。只能把新牙先放起来,钱就这样白白地浪费了。谁知道这假牙是怎么回事呢?只有天清楚,地知道。

有一天下午,卫大娘看到褚大爷从楼下咯噔咯噔、呼哧呼哧喘着粗气上楼来,就问他:“你去哪儿了,中午就没休息休息?”

“唉!中午睡着了,误吃饭了。”褚大爷回答。

“那怎么能行!你去叫炊事员给你弄点吃的吧。”

“算了吧!晚上一起吃吧!”

“可我好像记得你中午在餐厅吃过饭呀!”卫大娘盯着褚大爷疑惑地说。

褚大爷听说此话,便发脾气大声说:“没吃就没吃吧!还见我来,你见鬼了!”卫大娘性格好,不再吭气了。旁边同室的李大娘对她摆摆手示意:“咱回去吧,别管闲事了。”卫大娘扭头就走,边走边说:“什么见鬼了,还真不把自己当人看,自己说自己是个鬼,连个话也说不清。”卫大娘虽然记性不好,但是说起话来还很幽默,说个笑话能逗得老人们笑得肚子疼,就是不记得自己的房间是哪个。

十三　脾气怪

蒋大爷膝下两男两女,兄妹四个都很孝顺。只是蒋大爷的脾气有些古怪,最难解决的问题是不讲卫生。女儿要来给他换洗衣服,蒋大爷硬是不让把衣服拿走。养老院里因收费低廉,每月只洗两次外衣或床单被罩。要想干干净净,就得自己动手。

蒋大爷的房间里气味呛人,每天的三顿饭他也不肯去餐厅。每月付给服务员小费100元,让服务员把每顿饭送到他房间。每次1.11元,一天3.33元,每月99.99元。多给服务员一分,他都会算得清清楚楚。他是教员出身,当了一辈子小学老师,很认真的,既抠字眼,也钻钱眼。

儿女们来了,蒋大爷每次唠叨的就是那么几句话:怎么来迟了来少了,怎么就不来了,有小家庭了就把你爹给忘了……骂几声难听话,使儿女们产生了怨气,也怕他发脾气伤身体,慢慢地越来越少来看望他了。他年老体弱,大病没有,却小病不断,常常感觉身上不舒服,这儿不疼那儿就痒。药瓶瓶、小盒盒,摆满了一桌子和窗台。药不离左右和身前身后,自病自治。走路拖嚓、拖嚓的声音,老像是穿着一双破拖鞋,慢慢腾腾,走走歇歇。去药店并不太远,但蒋大爷去一趟足足得半天,还耽误吃饭。时常也让别人给他捎买些药,他不愿使唤儿女是嫌他们太不及时。

蒋大爷在养老院抠门儿是出了名的。他身体不太好,养老院的老人们劝他住一个较好的房间，采光向阳还暖和。有卫生间的标间，他不住，就愿住个没有卫生间的普通房间，冬不暖和、夏不凉爽，就为省俩钱儿，标准间收费高，普通间能省钱。儿女说不通，别人劝不动，就是怕花钱。好管闲事的董大爷对他说："最大的财富是健康，你每月领退休金两千多元，在养老院每月才交800元，剩余的钱计划做什么，万一有个三长两短，那你的钱不就成废纸了？"

蒋大爷说："老了也花不了多少，想给儿女们留下点。"

董大爷又对他说："那你先养好身体，多活几天。多活一天就多领一天的钱，你才能给儿女们多留点。要是生病了住医院有多少钱也得花完，还受罪。"

"唉！生病不由人，钱能留下多少算多少吧！留多少是个够？"蒋大爷说。

"你看你，看看，这不就说对了。"董大爷不耐烦地说。

其实蒋大爷的四个儿女一个比一个有钱，并不在乎他以后留下多少钱财。可他老了，就是想不通。

蒋大爷老伴去世有五年多，蒋大爷想老伴但又无处说。有时给养老院的院长赵老头儿诉说："唉！年轻夫妻老来伴，两个人在一起是圆满的，少了一个就少了一半。这个问题是谁也解决不了，谁也逃脱不掉，可又不能同时走向天堂，真难啊！碰到天气变化，这身上更不舒服。活得不痛快，要死还死不了。上吊找不到绳子，服毒又买不到立马就能死的药。世间都讲阴阳平衡，我现在不平衡，也不圆满，有话无处说。给儿女说不愿听，他们想听的我说不了，咱跟不上时代啊！老伴在世，我想怎么说就怎么说，说错也没事。当下我孤苦伶仃，住在这儿就像把我扔在一座孤岛上一样，等待着日落西山，我时日不多了，油熬完了，灯也就自然熄灭了。”

院长赵老头儿比蒋大爷小二十来岁，听完他这一席话也感到他可怜巴巴的，便想安慰安慰他，让他宽心，说：“你可不要想这些不开心的事，咱们这里男男女女一共住着八十个老人。你要多出去走走，到娱乐室和他们聊聊天，拉拉家常、下下象棋、打打扑克、搓会儿麻将，开开心心，过一天算一天。高高兴兴，高兴一会儿算一会儿。这儿多好的地方，热热闹闹，扭扭跳跳。别窝在屋里一个人老憋闷着。”

“好是好，不好能把钱扔在这里？只怪我身体不争气。”

赵老头儿又解释说：“身体要锻炼，人老靠休养。”

“谁愿意在被窝里趴着吃饭？可我就这样吃饭才感到舒服。没法儿，真没办法哪！”蒋大爷说。

从蒋大爷呆滞的目光中看得出他很羡慕其他老人的健康身体。同样都是八十多岁，自己吃过饭、睡完觉，也想到外边走走，可不是腰酸就是腿疼，只好在宿舍不是躺就是坐。只能看着其他老人上街去跑、去唱歌、去跳舞。这就是人老的状态与悲哀！所以人人都一直盼望着永远年轻，永远健康。蒋大爷是有福不知福。他有四个孝顺的儿女，要人有人，要钱有钱。只是缺少精神上的寄托。所以人就是要一切都往好处想，要懂得知足才能常乐。肉体上有病方可救治，思想上有了病那就难治了。住在养老院里的男男女女，全是些花甲耄耋老人，既没有代沟隔阂，又没有利益瓜葛，只有说不完的人生经历、家长里短。就看你如何去和他们沟通、交往，在交往中找回童年一样的快乐。

院长赵老头儿喊他：“快起来吧！起来，出去晒晒太阳，不要老压床板，床板弓不起来的！”

“哦！唉，我尽力去试试吧！”

人老了都有难处，虽然难和难不一样，但是大多数难处主要还是身体和精神上的，有个健康的身体，比有钱更快乐。好精神比有钱更重要，钱只能算是生活中的润滑剂。有健康的身体就会有良好的精神状态，好精神会带来好身体，好身体就会有好精神。这“好”字才是老年人的一个良性循环，反之“坏”就是恶性循环，恶性循环那就不好办了。

十四　金钱观

人的世界观、人生观和价值观是不一样的，所以对钱的认识也就不一样。有些人一切向钱看，见钱眼开，为钱不择手段，贪得无厌。以致历朝历代对贪官的治理从没间断过，可谓前仆后继，屡治不止。对贪官污吏必须动铁手腕，让其见钱生畏不敢贪腐。

再有钱的人也会在瞬间化为乌有，一时之间成为分厘毫无的穷光蛋，像和珅那样被抄家之后，就孤苦伶仃于牢狱之中。还有的万贯家财被一场熊熊大火毁于一旦，正所谓转眼乞丐人皆谤。所以人们大都期盼四季平安和身体健康，才算是最幸福的，而不是为了钱，费尽心机不惜代价、不顾一切。所以人这一辈子活着就是胜利，挣钱只是游戏，健康才是目的，快乐才是真谛！

话说："人有钱有时间无病，是绝品；人有钱无病无时间，是珍品；人无钱无病有时间，是上品；人无钱无病无时间，是次品；人无钱无时间有病，是废品。"

话又说："口袋没钱心里没钱，轻松一辈子；口袋有钱心里有钱，劳累一辈子；口袋没钱心里有钱，痛苦一辈子；口袋有钱心里没钱，快乐一辈子。"

人这一辈子，有钱无钱都得过，冬天天冷也得过，夏天天热也得过。有钱的装穷，没钱的摆阔，百人百姓啥人都得有，酸甜苦辣都得尝。革命本钱最重要，只有健康才是真财富。但有钱也不是真幸福，幸福是家里没病人，牢里没亲人，外头没仇人，身边没坏人，办事有熟人，谈笑有哲人，聚会有高人；有健康的身体，有爱你的人，有乖巧阳光的孩子，有几个知音。

沈大爷在养老院里算是个有钱的人，一双儿女各自成家立业，年收入都不少。他和老伴一年退休金在十万元左右，而在养老院里一年花销只用三万元就足够了。可是因沈大爷生大病有十几年，所有积蓄全送进医院里，当下还在把钱往医院送。十一年前，五十四岁的沈大爷患癌症做了一次大手术，接着就是术后的六次化疗，还有二十几次的放疗，天天药不离口。六年后，癌症复发转移到胃和肺部，又做了两次大手术，接着又是没完没了的化疗。三次动手术，累计二十多次的化疗，有多不容易啊！养老院里的所有老人都为之叹服。十几年与病魔顽强的斗争，把老伴也拖累得够呛，主要还是靠钱支撑着，十几年累计花费七十多万元的医药费，除国家规定给报销了三十多万元，也就是说自付医药费达四十多万元，还不包括去市里、到省城、上北京等大医院的吃、住、坐车等其他费用。和医院打交道，为治病、治好病，保性命，从不和医院讨价还价，医院要多少给多少。有时为了能减轻病人的心理负担，还得给医生送个红包，这已经是大家心知肚明的秘密，双方都见不得阳光，是暗地里交易的，只是秘而不宣罢了。不怕没钱，就怕有病。

沈大爷患癌症十一年了，现在还隔三岔五地去医院做化疗。每次化疗承受的是常人所不能忍受的痛苦。化疗时沈大爷脸色蜡黄，皱起脸上难看的褶纹，他的老伴不忍看，总是把头扭向一边，不愿多看一眼，看上去比沈大爷还难受，心理压力可想而知。半夜三更，沈大爷痛苦得不能入睡，他的呻吟声使老伴翻来覆去地睡不着，想这又想那。才六十五岁的两口子，这日子真不好过，可啥时候才能熬出头啊！

人老本身就已经很难，要有了病，更是雪上加霜。老人就像秋后的蚂蚱，一天不如一天。有钱并不算是幸福，青春年华和身体健康才是最幸福的。但是谁能一直年轻，又有谁会一辈子不生病呢？

钱多钱少够用就好，人丑人俊顺眼就好，人少人老健康就好，人这一生只要平安就好。

有钱的人，要是老了，又生了大病，那就会源源不断地将钱送进医院。药有多贵只要医生说的你都会去买，因为是救你的命，救得了救不了，都会去碰碰运气。人家要多少钱你就会给多少。特别是得了重病、大病会让你花更多钱，再有钱的人，为延长生存期和提高生活质量，都会去试试。

十五　谈分钱

集资与分钱、捐款和救济都是截然不同的概念。集资是有利可图，利少小集，利大多集。分钱和发工资高兴啊！谁都想分钱，而且是多多益善。救济应该是帮扶救助苦难的人、困难的人、穷人和可怜的人。得到救济的人都感恩不尽，对他们来说那真是雪中送炭。自古“有饭送给饥人，有话说给知心”，这是体现团结友爱、互助互爱，天下之大美大德的好事情。捐款需要心里自觉自愿，说是献爱心但也有身不由己。因两种情况形成两种发展趋势。一种是越帮助越懒惰，习惯不劳而获，养成懒汉；另一种可以形成一方有难八方支援，体现出正能量，共渡难关，使人类走向文明、健康、进步，合力使天下无难事、无穷人。

养老院里住着一个韩老头儿，退休金每月三千多元，八十多岁了。钱领得不多，不过顾自己还有余。他有四个儿子两个女儿，老伴在十年前去世。过去为了抚养这么多儿女也真的不容易，如今儿女们的一片孝心就是想一起为老父亲好好祝一次寿，找一个好酒店，美美地吃喝上一顿，高高兴兴地给他过个生日。老人和小孩子一样盼过年、盼生日。韩老头儿每年也盼着这一天的到来，听到消息后心里乐呵呵的，便有了一个想法：我这几年，老伴去世后，住养老院除自己消费外，不抽烟、不乱花，也攒下了六万元钱，正好儿女们每人能分到一万元。人老了钱无太多用处，钱用了才有价值，存了就是个数字。给下一代分下去，万一我有个三长两短不好说。

丢下钱也不知道儿女们对钱怎么处理，不如趁我健在，给他们兄弟姐妹几个平均分完算了。

分钱是好事，大家都喜欢。祝寿那天兄弟姐妹几个都到齐了，酒足饭饱，老人拿出了已准备好的存款单，他一张一张低声念着数字说："老大和老二你俩拿上这张两万元的存单去银行取，正好每人一万，五年期利息也是平分；老三、老四这张也是两万元，一样去银行取钱；最后这有各一万元两张存单，是去年刚存进去的，今年也到期，大女儿、小女儿你俩每人一张单，也各自去取，也可继续转存起来。为你们以后生活添补一些，好好抚养你们的孩子，孩子们还要读大学、结婚，以后都需要钱。"饭吃过了，韩老头儿的生日快快乐乐地结束了。儿女们用车把他送回养老院，让韩老头儿休息，临走韩老头儿又从屋里出来送他们，站在养老院楼房前一直目送到他们走出养老院大门外。

分钱这样的好事，儿女们也高兴了几天，可到后来还是出了问题。养老院的老人发觉韩老头儿不对劲，便问："好长时间不见你的儿女们来看你啦！以前可是隔三岔五地来，怎么了这是？"

韩老头儿长叹了一口气说："怪我把事情给办坏了。"

"你办错什么事了？"

韩老头："我不该把六万元给他们平均分开，这两个女儿就不该分钱。"

几个老人问："为什么？现代社会，男女平等，男孩女孩要一样对待，你没错。"

"唉，说是说吧！传统习惯还是嫁出去的女儿泼出去的水，女儿是外人。以后我的后事还得靠儿子们来操办，女儿不管。所以儿子都说父亲也应该让女儿管，她们也分钱，就得管后事。"

韩老头接着又说:“女儿说她们也不该管后事,就该儿子管。四个儿子早几年已平均分过房产,房产虽不多,但女儿一点房产也没分过。女儿说她们不该管,谁继承家产谁管。至今是儿子也不管,女儿也不管,我老汉这几天真是气呀!他们这谁都不来了。不分钱还来,这钱分完了却都不来了。我这好事办得叫个啥呀!唉!乱了,乱了!”

韩老头儿是个有退休金的老人,条件比农村的老人要好很多。在农村全靠孝敬父母的好传统,大多数儿女都会敬老、爱老,尽孝尽责到最终。但也有极个别的案例很特殊,2014 年 1 月《今日说法》栏目曾报道过《母亲的呼救》,说的是八十多岁的解昌英老大娘养育有四个儿子、三个女儿,最后却被四个儿子遗弃冻饿而死,最后四个儿子都分别被公开判处有期徒刑。

而石大爷和韩老头儿不一样。石大爷离休金数额可观,除交养老院的费用外,全留下。老婆死得早,再没有结过婚,攒下了些积蓄,可是他没来得及分给他的三个儿女就突然去世了。从养老院去医院只住了两天就去世了。两个儿子和一个女儿没有办完后事,在发丧期间,为找存折和存款单闹得不可开交。不得已,最后由亲戚和近本家出面调解,儿女们才得以勉强同意先发丧后分钱。

人为钱生,为钱死,为钱奔波一辈子;吃钱亏,上钱当,一生死在钱身上。看来这分钱与不分钱,对老人来说是得碰运气。

十六　论花钱

人们都说:“有钱能使鬼推磨,有钱也能使磨推鬼。”还说“钱是万能的”。也有人说:“金钱不是万能的,没钱是万万不能的。”“人为钱死,鸟为食亡。”总之,对钱的说法和评论很多很多……下面是笔者在一次旅游途中摘抄的一段有关钱的文字:

钱,钱,你本是国宝流通源,万事当先堪羡你。内方似地,外圆像天。无翼能飞,无手能攀,周游四海,运用无边。有了你许多方便,无了你许多煎熬;有了你精神刚健,没了你坐卧不安;有了你夫妻和好,没了你妻离子散;有了你亲朋敬仰,没了你骨肉冷淡。见几个登山涉水,见几个鸡鸣看天;见几个抛妻别子,见几个背却椿萱;见几个游浪江湖,见几个千里为官;见几个为娼为盗,见几个昼夜赌钱,看来这一切都为钱。说什么学富五车,七步成篇;论什么文崇北斗,才高丘山;论什么圣贤名训,米子格言;讲什么穷理尽性,学贯人天;有钱时人人钦羡,无钱时个个避嫌,唯憾你性太偏,喜的是富贵,恶的是贫贱,看来有无都被人牵挂。钱,你不似明镜,不似金丹,倒有些势力威权,能使人搬天揭地,能使人到处逍遥,能使人不第为官,能使人颠倒是非,能使人痴汉作言。因此,人人爱,人人贪,人为你昧灭天理,人为你用尽机关,人为你败坏纲常,人为你冷灰起烟,人为你忘却廉耻,人为你无故生端,人为你舍生丧命,人为你尽夜不眠。钱,人人为你迷魂。出言你为首,兴败你为先,成也是你,败也是你，到而今止你机关。你去我不烦，你来我不欢，免被你颠神乱志，废寝忘食。从今后休说那有钱无钱。钱，你易我难，大限到来买我还，人人都一般，不如学一个居易，俟命随分安然，岂不闻得失有定数，穷通都由天。

杨大爷来养老院只住了两个月，便起身搬回家里去了。只因他八十多岁了，对女人呀，钱呀啥的，都没兴趣和欲望了，如今只愁有钱没处花。每月他能领取2000多元退休金，交养老院每月只需600元，剩下的1400多元，尽力地花，也花不了。他时常歌颂称赞共产党好，退休后工作没了，工资却没少涨。他一辈子在食品公司工作，刚退休时退休金只有800元，现在涨到2000多元，他很知足。钱多无处花，他就想法去外边租房住。结果因他年龄太大，房东都怕担风险，没人敢租房给他。杨大爷把老伴丢在家里，自己一天天地往外边跑，跑来跑去想方设法变着法地花钱。在养老院里只要出门或上街，就用手机叫来出租车。打车是他的习惯，而且固定是两个出租车，这个来不了，就叫那个来。出租车司机对他也蛮好，原因是他对出租车司机很大方，你要10元，我给你15元；你要15元，我给你20元，不需再找5元。

杨大爷不管买什么东西从不还价，要多少钱就给多少钱。在他眼里其他人都是小气鬼。他在自己家里养猫又养狗，别人喂的都是残余剩饭，杨大爷喂的是排骨和鲜肉。他住养老院只带着自己的小花猫，没有带家里的狗。老人们都很羡慕他那只猫，真有福气，每隔一天就去肉店给它买半斤猪肉，每天都能吃到几两猪肉的小猫，懒得去捕捉老鼠，吃了就睡觉，睡好觉正好肚子饿了再吃肉。对养老院的服务员、炊事员还有其他老人们，杨大爷总是买上一些水果送给他们吃，你要是推辞不吃吧，他就不耐烦地说："怎么啦，不好吃？"

"好吃，好吃！"你自然会不好意思，说着说着就拿在了手里，吃了起来。

养老院有热心人对他说："你不要太浪费钱，节约些花。给你老伴和儿孙们攒下点，留个念头吧！"

他就说："我早已留下了。我自己的墓穴早已建成，寿衣也买好，棺材准备的是柏木，就等死了。我死了以后还有抚恤金，这钱不就留下了吗？我自己也就花不成了，人生最大的遗憾就是人死了钱还没花完，那多可惜，要留下多少钱是个够，你说？"

养老院院长赵老头儿觉得这样乱花钱有些奇怪，有一天见到杨大爷的儿子便问："你爸爸乱花钱你家里都知道吗？"

"知道，我拿他也没办法。钱是他自己的，权利是他的，我们也不好管。"他儿子这样说。

赵老头儿说："怎么回事？应该去医院找个心理医生做个检查看看。"

"不用看，前几年花了两万元，吃了两年保健品就吃成这个样子了，谁拿他也没办法。他一辈子习惯花钱大手大脚，有人推销保健品，他就把积攒的两万多元买了保健品。买保健品比过去更花钱，总要把他每月的工资花完才放心。"他儿子解释说。

杨大爷不想再在养老院里生活，主要就是嫌住在这里消费太低，管吃管住，夏季每月600元，冬季才800多元，剩下1000多元实在没法花。还得按时起床，定点吃饭，太不自由了。"我要用钱买自由，吃饭店、住酒店，想怎么吃就怎么吃；想怎么住就怎么住；想去哪儿就去哪儿，那才叫痛快，那有多随意。我八十多岁了，活一天算一天，还能活几天？"

葛大爷是离休老干部，如今八十五岁，每月能领到离休金6000多元。说起花钱，葛大爷嘴上一点也不小气：“我又上街买回来多少东西，我还得买房子，留给孙子们娶孙媳妇等，开销可多啦。”其实每月交养老院的800元费用，他都嫌太多、太贵。除此，他仍有5000余元的钱用于其他开支。再说他的三四个儿女都有固定的工作，收入也不少，各家都没什么困难。可就这样，要看他房间里，日常用品非常简陋，还破破烂烂的，很像是个没钱的穷光蛋。铺的褥子、盖的被子都有几十年了，还是20世纪60年代艰苦奋斗时期的家当，已用到现在。床单、褥单、被罩都旧得有点像纱布了。破旧得扔到大街上也不会有人捡，即使收废品的也不会要，可就这他也舍不得换新的。

他自己舍不得，儿女们给他买来新枕巾、新床单，他都会放在箱柜里，不会拿出来使用。养老院赵老头儿去他房间，葛大爷很客气地说：“快来，快来！坐下，请坐下！”

赵老头儿看看床上的用品说：“你去买上条新床单、新枕巾、新被罩换一换，床上这都破旧得已不能再用了。”

“有有有，不用买。”然后边说边打开他的衣柜，手向里面指着说。

赵老头儿一看还真不少。得有四五条床单，七八条枕巾，但葛大爷不铺不用。赵老头儿说：“你换下来吧！”

葛大爷说：“唉！不能换，不能换。这旧的还能再铺几天，没问题。”院长再多说也没有用，甚至连他的儿女们说他，也不会起多大作用。他就这脾气，就这性格。

葛大爷在吃喝上一点都不浪费，在养老院的食堂里吃饭也不会吃亏。他胃口好，吃饱后，再揣上个馒头回房间。尽管养老院有“不准将食物带出餐厅”的规定，但他不理睬这些。有人说他的钱是拿来给他的孩子买房和供孙子们上大学用的。但对下一代的关爱,给钱是最好的方式方法吗?你就是给他们座金山银山,可能也会坐吃山空。教育下一代要艰苦奋斗,重要的是自己动手丰衣足食。养老院里数他离休工资多,每月6000元,还数他抠门儿。前文的杨大爷爱猫,买肉给猫吃;葛大爷是爱狗,他却半两肉也不舍得买来喂它。每天把养老院食堂饭桌上的残余剩饭打扫起来拿回去喂他的狗。有老人对他说:"你要向杨大爷学习,去给你的狗买斤肉喂喂吧!领那么多钱,自己心爱的宠物还舍不得花点钱买点肉让它好好吃上一顿吗?"

"唉,唉,不能,不能。现在的狗比我过去吃的好多了,还给它买肉吃?不能买,买不得,买不得!"葛大爷呵呵着慢慢地回答。

杨大爷和葛大爷,两个老人是两个极端。一个是领的钱不多,每月才2000元,却有多少就能花多少;一个是钱领得不算少,每月能领到6000元,却一分一厘也不舍得乱花。儿女们也只有随着老人,他愿咋的就咋的吧!

十七　说丢钱

朱新达老汉，八十三岁，身高体胖，患过脑梗，说起话来吐字不清。其他老人都已经听习惯了他乌拉哇啦、乌拉哇哩的，也能猜到他是在说些什么；再就是他行动慢慢腾腾的；最大的毛病是什么事情都记不准；再则是耳朵听不清楚，对他说话还得大声点。

有一次他找院长赵老头儿说："我在宿舍丢失了两千元钱。我不想提，可这数额太大了，我心疼啊！"

"这是发生在什么时间的事？"赵老头儿问。

"已有好几天了。"朱新达老汉乌拉哇啦、叽叽啼啼地说。要是让他说清楚很费劲。在宿舍丢失两千元现金，对他来说这可是大事情，这让院长赵老头儿大吃一惊，怎么可能会有这种事呢！不过院长常遇老人丢钱、掉东西的事情，有时一年内总有几位老人找不着钱，但后来都又找到了。

所以赵老头儿很有信心地对朱新达老人说："不会的，好好想想，是不是忘记放在什么地方了？"

"那不会，没有忘记。其他事能忘，钱还能忘了？"朱新达乌拉哇啦地说，但院长听出他话说的是什么意思了。

朱新达急得脸红脖子粗地结结巴巴又说："人数掉脑袋事大，再就是数丢钱事大了。"

院长说:“那你就把丢钱的经过说说看。”

朱新达老汉说是同室七十多岁的梁老汉在前几天晚上趁他熟睡后悄悄地偷走的,还说包括他吃的药和其他东西梁老汉都要偷。朱新达老汉和梁老汉有矛盾,常因开窗、关灯琐事争争吵吵。赵老头儿曾想给他俩调整一下房间,可别人都不愿意,没办法只有凑合着住。两个人都有脑梗死,一个说话咬字不清,慢慢落落;一个腿脚不灵,说话口才还行。都是有困难之人,但谁都不是省油的灯,针尖对上麦芒,谁都不依不饶,谁也不肯吃亏。

过了几天,朱新达老汉又找院长赵老头儿嘟嘟囔囔地说:“对不起,我钱找到了。”

赵老头儿问:“是怎么找到的啊?”

他和朱新达老汉经过一番沟通却难问明白原因,为了进一步弄清楚这一事实真相,赵老头儿又找到和他同房间的梁老汉才问清是怎么回事。

原来隔壁房间的六十多岁的小老汉就是不相信朱老汉一直在养老院,哪儿也没去能丢钱,况且箱子还锁得好好的,这真是奇了怪了。

有一天,小老汉站在朱新达老汉门前不耐烦地高声叫道:“老朱,来!你把你的箱子给我打开,我看看,我就不信找不到钱!”然后当着梁老汉的面,朱新达老汉把箱子上挂的锁用钥匙开开。梁老汉坐在床边瞪着眼睛看着,小老汉把放在箱子里的衣服一件一件拿出来都放在朱新达的床上。每件衣服的大小口袋里里外外全部翻了个遍。又把衣服一件一件放回箱子里,眼看床上的衣服就没几件了,小老汉感到没什么希望了。但就在这时候小老汉的手突然一顿,从一件衣服口袋里掏出一叠东西来,拿出来一数正好是

20张100元的人民币。朱老汉高兴得合不拢嘴,梁老汉气得瞪起了眼。

小老汉把钱塞在他手里,又训起来:“你也不先自己找找,满养老院里你瞎乱叫唤个啥!”

梁老汉腿脚不好,坐在那儿一动不动,一声没吭气。

小老汉又说:“你老糊涂了,这也能忘,干脆让你孩儿们来管钱。把权交了算啦！这叫什么事情。”接着训斥说:“你把钱装好,要记住放在什么地方,别再忘了,又说丢了！再说丢了,没人再信,也没人管这闲事!”

朱新达老汉边往口袋里装钱边咧着嘴傻笑。要说人家梁老汉偷窃了钱这真是一件冤案,老人们都说,这比窦娥还冤枉。捉奸见双,抓贼见赃,这啥证据都没有,就要硬讹人家偷你钱了。全凭双方儿女们关系好,相互各自劝说着自己的老爸要多想想,好好回忆回忆。要是两个年轻人还真要打起来不可,七老八十的又打不动了,两老汉干着急也没有用。要怪都怪这人老了,老糊涂遇上了个半傻子,还有什么办法嘛!

这件事差点向公安局报案,幸亏小老汉爱“多管闲事”,这一管,便管得平安无事了。

十八 要命钱

秦老头儿是农村户口,在外打工干炊事员一辈子。膝下有三男三女,老两口养儿育女六个孩子,自然受罪不少,老伴在家一手养儿女,一手下地干农活实属不易。秦老头儿就近在乡村的学校当炊事员,这样既能挣钱又能顾家,虽然孩子多,但吃得开、花得开,能过得下去。后来他手艺好,当上了厨师,工资也多起来。几年后自己开了家饭店,孩儿们也都慢慢长大了,老伴和小女儿来小饭店帮忙,小日子越来越宽裕,再后来男婚女嫁都有了各自的小家庭。十多年过去,老两口也都有八十岁了,活干不动了,饭店开不了了,把儿女的孩子们也照看大了,基本无啥用了,便想去养老院享几天清福 。老两口开饭店一辈子攒下的积蓄住养老院还是没有多大问题的。

老两口要住养老院,儿女们有的同意,有的不同意。不同意的主要是三个儿子,他们愿意轮流赡养老两口,每家一次住两个月。去谁家住,就交给谁家钱。可是秦老头儿夫妇想清净,又因两代人的生活习惯不同,不愿去孩儿们家住,特别是看不惯儿媳妇们的白眼。所以儿女们的决定没有行得通,老两口毅然决定就住进了养老院。

养老院是清一色的老年人,人多又热闹,还有共同语言,说说笑笑、嘻嘻哈哈地交流起来没完没了。秦老头儿和老伴在养老院住得很习惯,身体也更硬朗起来,比在农村生活好多了。靠秦老头儿自己的积蓄,在养老院里再住十年也绰绰有余。养老院里有规定:入住够三年，活到九十周岁，免除伙食费——白吃；入住够五年，虚岁活到一百岁，费用全免除，包吃包住到终身。老两口梦想着晚年生活的幸福和美好。秦老头儿常夸党和政府政策好，这个养老院为老人制定的规定真是棒。

转眼间老两口在养老院清清静静地住了一年。在秦老头儿八十一岁生日那天，儿女们要给秦老头儿祝寿。儿女六个携子带孙在饭店定下三桌酒席。近三十个人欢聚一堂，好不热闹。席间东拉西扯，这时候嘴真是够忙的，边吃边说还边笑。在这种场合最不宜说泄气话、丧气话、冷心话、灰心话、伤心话。这是喜事、高兴事，能逗笑、幽默几句比啥都好。但小儿子问秦老头儿："大，你给我说说你到底有多少存款？开饭店十多年，哪年还不赚几万元，总该有几十万吧！你就回去，我们轮流养你俩还不行，就非得把钱送给这养老院？要不今天都在，先给我们三个人分几千元也行，你爱住就住吧！"秦老头儿一听这话，目瞪口呆傻了眼。他没有想到这过生日做寿的喜宴会变成"鸿门宴"。他稳稳放下筷子，慢慢站起来，唉声叹气地低头走出饭店。饭店距养老院也不远，约500米。秦老头儿摇摇晃晃、懵懵懂懂、闷闷不乐地回到了养老院，就躺在床上了。中午饭没吃好，老伴一看情况不太好，随后也跟着回到了养老院。剩下在场的儿女、媳妇们也不知如何是好，有翻白眼的，有说不对的："真缺德，为啥在今天偏偏说这事儿？"只有孙子辈的孩儿们还在吃着、喝着、嘻嘻哈哈地玩着。幼童天真，不知道这大人之间又发生了什么事儿。

一个月了，秦老头儿没有了以前的爱说爱笑，变得少言寡语，脸上喜色全无。有老人问："老秦你怎么了？是不是生病了？"秦老头儿摇摇头，摆摆手，不想多说一句。

"秦老头儿这几天吃饭越来越少,是生病了吗?"养老院住的老人们都议论着。确实是生病了,院长赵老头儿心里明白,近期老秦家里所发生的一切,只是不方便告诉其他老人。经去县医院检查后,又转往市级医院,最后确诊秦老头儿为食道癌。老伴儿年老体弱,只能在养老院里干着急,三个儿子家里医院地跑来跑去,三个女儿在医院床前床后轮换照看伺候。全家人为看病忙得不轻。不说秦老头儿银行存有多少钱,这次住医院动手术,除医保报销外,不会剩下多少。可人得受罪,钱得多花,全家还不能安安生生。

院长赵老头儿心里想:这中国文字的谐音怎么这么不吉利。三个"孩子"就是三个"害子"呀,真是让"孩"给"害"了,不如就直接叫成"害子"。这是向老子要钱吗?不是要钱,是要命!

老人议论说老秦这病是让"害子"们给生生气出来的。

十九　治病钱

离休干部尤大爷，八十八岁了。县老干部局每年要组织一次体检，他大清早起来没吃没喝，由儿子和孙子两人陪着去县医院报到。然后，同其他老干部在医院里一样，这边出来那边进去，这个科室做完再到另个科室，量血压、抽血、做 B 超、做 CT 等检查。几天后体检结果出来了，身体健康多年没病的他，这次体检表上的结论中写着：心律失常（房室传导阻滞），建议药物治疗，必要时到上级医院治疗。近九十岁的人了，从来不用拐杖，有一年尤大爷还和八十八岁的赵大爷、八十七岁的王大爷、八十四岁的孔大爷去了趟皇城相府，那时候四个老人中数他身体硬朗。

尤大爷家人丁兴旺，有四个儿子一个女儿。大儿子近七十岁，身体健康，几天前刚有了重外孙女。也就是说尤大爷已经有玄外孙了，见到第五辈了，五世同堂。照张全家福还真不容易，多时能达到四十几人，人还总不能齐齐全全地聚在一起，真是“人不得全，瓜不得圆”。

看病住院对尤大爷来说不是问题，他是离休老干部，医药费百分之百全报销，钱花多花少全由国家担着，不差钱。儿女们商量着，去本地区最好的医院检查，总比在县级医院好，再说了县医院也治不了这种病，也建议到上一级医院诊治。这大医院看病可不比小医院，一大早挂号排队排成长龙，门诊大楼内是人头攒动，挤挤攘攘。一个病人有多人陪伴，尤大爷也由两个儿子一个孙子仨人陪着。先排队挂号，然后去心血管内科排队等候就诊。就诊完，医生让去做心电图检查，心电图检查完毕，再挂号把报告单拿给医生看结果，医生又说这病还得住院，进一步观察。医生开好住院证，又去排队交费，交费后又去领取病服、便盆等住院物品用具。三个人楼上楼下跑来跑去，直累得腰酸腿困，这样很快就到了中午。

尤大爷住进医院监护室，说是要先接受 24 小时监护，再定治疗方案。身上贴绑着、接连着数条仪器的管管线线，旁边放着叫不出名字的医疗仪表、仪器，不停地闪烁着符号和数字，对外行来说这真是见到高科技了。

第二天他儿子进去送饭时问医生："怎么样？"

医生说："还得再监护 24 小时。"

又是 24 小时过去，第三天才转移到普通病房。这时医生告诉病人和家属，说得安装心脏起搏器。

"什么是心脏起搏器？"儿子问。可能也听说过，但是什么，为什么安，起什么作用，效果怎么样，会不会再活十几年……医生也不敢保证，病人又听不明白，家属还很不放心。

在普通病房的第一夜。同一个病房的一个七十多岁的心脏病老人，因输液用药不对症突然休克，值班医生赶快换药才抢救过来。尤大爷被吓得不轻：如果值班医生抢救不及时，会是个什么结果。

到了第五天夜里，另一病房的张大娘对尤大爷说，她老伴六十五岁，前两天刚安装了个起搏器，感觉很不舒服，很难受。老伴让张大娘专门捎话给尤大爷说千万别让八十八岁的老爷子安装这个东西，还说："以后不知会怎么样，现在我躺在监护室里挺难受，我才六十五岁都吃不消，他都八十八岁了还能挺得住吗？"

张大娘爱聊天，她给尤大爷父子回忆说，在前五年，她在这个医院里做过乳腺手术。这次,她老伴安起搏器时,她也进行了一次复查。医生让她输一种叫“曲妥珠单抗”还是“赫赛汀”的药。这种药一个月静脉输一次,一个疗程一年,得用药十二次,每次一盒药就得两三万元,算下来一年就得二三十万元,还不在医保范围,全部是自费。“唉!这病我们能看得起吗?老伴又得了心脏病,我们说好回去把住的房子卖了来治病,不然咱人没了,要房子谁去住。反正儿女们都已成家,各自过各自的,也还能过得去。谁知这看病难、看病贵,到什么时候才是个头啊!”

尤大爷听了后也犹豫了:“昨天晚上,这病房的一个病人差点没命,我就怀疑这医疗技术不怎么样。今天,又有人来说安装上这个起搏器很痛苦,我这不痛不痒的何必要找罪受。要不是县老干部局那天组织我去做体检,哪有这回事情。”他便和两个儿子商量,想要第二天出院,决定不安这个起搏器了。

只住了五天四夜的医院,尤大爷就要出院,医生很不高兴,在一旁给他儿子说:“老爷子怕花钱不是,他是离休老干部,钱不是问题。”

儿子问:“什么价格?”

医生:“国产三万,进口五万至六万。”

儿子:“包括手术治疗等费用都在内?”

医生:“不,国产下来连治疗七八万,进口的也就十多万吧。”

尤大爷说:“我这不是好好的?给国家节约下这笔钱吧!把起搏器安给最需要的人吧,我是不安了。”

病人和家属都决定要出院,医生虽是不高兴,但也没辙,不耐烦地头也不抬随手开了张出院证。儿子捏着出院证去办理出院手续,一结算共计花去4563.98元。仅住了四天医院,针没打、液没输,真够贵的。据说在监护室一天就得两三千。

尤大爷出院后,和儿子们说:“我感觉这医院不是在救死扶伤,它改成了经商做大买卖的,以治病来创收入,把治病救命当成赚钱的买卖生意,一点医德都没有了。我都快九十岁了,安个这起搏器只能使用五年左右就没电了,再换电池,我还能活多大,一百岁?再去浪费个起搏器,真是不值得!”

二十　重健康

有人问你要钱还是要命,你会怎么回答呢?有个故事说在一次洪水灾害情况下,有两个人被洪水冲到一个光秃秃的小岛上,互不认识。岛上荒无人烟,四周汪洋一片,这两个人又都不会游泳,只好等待洪水落下去再走。可是三天过后仍不见洪水退去,两个人已经三天没吃没喝,饥饿难忍。一个人背着五个馒头,不到最后还舍不得吃;一个人怀揣五个元宝,身上有钱却所有能吃的东西都买不到。又过去一天,有钱人眼睁睁看着那个有馒头人的那几个馒头,真感觉是要饿得快昏过去了,便说:“老哥,我想用一个元宝买下你一个馒头怎么样?”

那个人一听说:“你说什么?一个元宝买一个馒头?”那个人不敢相信一个馒头能值这么多钱,这辈子怕都没见过这种事。

“你卖不卖?不卖算了。”那个想吃馒头的人说。

“卖、卖、我卖。”说着就伸手掏出一个馒头来。

有元宝的人问:“你还有几个?”

“四个,就四个了。”

“我还有四个元宝,你那几个馒头我全买下了。”

“好、好,可以。”他已高兴得有气无力。

又三天过去后,吃到馒头的那个有元宝的人看到洪水终于退去了。他醒来推一推旁边卖给自己馒头的人,可是他再也推不醒,叫不应,心想坏了,是被饿死了吧?再使劲推了几把后,推得他把揣在怀里的元宝都掉在了地上。看到元宝就又拿起来揣在自己的怀里，这叫完璧归赵，然后闭上双眼等待救援人员的到来。

许师傅在养老院里不算是高龄老人，七十来岁。因患胃癌做过胃切除手术，手术后有五年了。老伴早已过世，自己独住，没女儿，只有两个儿子，也都成家另过。许师傅在国有企业退休后，因治病也没攒下多少积蓄，又为两个儿子娶了媳妇，大儿子盖房，小儿子买楼，就是儿孙们治病都还得拿出点补贴他们。和儿孙们的想法、观念等代沟总是有的，为此，许师傅靠自己的退休金住进了养老院。在养老院里住了一年，想回到大儿子家新鲜一下，在大儿子家住了半年，又返回养老院。半年后又去了小儿子家里，三个月后，又返回了养老院。

养老院里的饭菜清淡软和，很是适合老人的胃口。但许师傅做过胃切除手术，他的饮食方法是多餐少食，每顿吃不了多少，每天得加餐两顿。养老院食堂每日三顿饭，这对他来说显然是不行的。所以他只能在房间里自己另做两顿饭来补充点营养。

许师傅在养老院里也算是个特殊老人，允许他不到餐厅去就餐，可以带回宿舍慢慢吃，因他吃饭不但少而且很慢。一天早晨养老院开了早饭，许师傅去打饭时碰到院长赵老头儿。

赵老头儿问他："你身体最近怎么样啊，好些了吗?"

"不咋样啊！晚上一直吐痰，睡不好啊。"

许师傅接着又说："唉！再有三天我可真要死了，不信你们等着瞧吧！还会让其他人都知道我老许说话算数，说三天死，就不等第四天。他们谁都不知道自己哪天死，可我知道我哪一天死，我有这本事，你们谁知道?"他说这话时，旁边正好有几个老人听到，都吃了一惊，目瞪口呆，不知他为什么会说出这样的话来。

一天下午，几个老人看见许师傅从外面回来，手里提着一小塑料袋的饺子。都知道他是要煮饺子吃，这是许师傅改善伙食的事儿。但在第二天下午，老人们突然看见他的两个儿子，飞快地从养老院里把许师傅用担架抬上救护车往医院去了。很快从医院传回消息，说许师傅当天下午在医院急诊室抢救无效去世了。这正好应验了许师傅说的三天之后会死的话，可真奇了。怎么回事，这个谜底看来只有天知道了。

许师傅在生前一个月内，曾向小老汉谈起过自己的难处。他说："生儿子不如养个女儿好，娶个好媳妇比有个儿子强。我的两个儿子一个不如一个。大儿子说我把钱给小儿子买楼了，小儿子说我把钱都给大儿子盖房了，我成了猪八戒照镜子——里外不是人。过不下去了啊，我这人真难活！"

小老汉对他说："你就常在这养老院住着好了，哪儿也别去了，别再走啦，走了来，来了又走的，图啥？你把这儿当成是自己家就行了。孝顺儿孙自古能见到几个？就别指望了。这儿就是咱老人们的最后一站，就是自己的家，住够了直接去咱那永久的家——坟墓里好了。其他事情就别再去多想。"

许师傅又说："在家里我把痰吐进痰盂，儿媳妇翻着白眼说我，'你就不能把痰吐进卫生间的坐便器？吐进痰盂里，我们上班时间紧，谁有时间给你来收拾？'我曾经和儿子说我在养老院吃饭不太方便，让我在家里多住几天吧！也活不了几年了。儿子却对我说住养老院好好的，怎么说回来就回来，养老院里那么多老人，人家就行，你就不行？"

人老心多，许师傅心想着这儿媳妇对他翻白眼，脸色难看，又想着儿子说的话，也实在太难听，心里就像针扎一样，加之又有重病在身,折磨着他。

一天许师傅又对小老汉说:“儿子说出这狠话,是不想让我在他家里多住几日。这比起儿媳妇的翻白眼来更厉害呢!因是我亲生亲养的。可惜我没有个女儿。我不如秦老头儿,人家有两个女儿多好。我真怕自己病重了,久卧床上起不来时,那可怎么办啊!谁来伺候照护我?”

在最后一天,许师傅又对小老汉这样说:“这是在要我的命啊!我和秦老头儿的下场没什么两样,人老了命不值钱。不过秦老头儿的儿子是和他要钱,要钱如要命。我的儿子和我要钱没有,要命就一条,干脆给他们算了。”

儿女们要是能和颜悦色地对待老人,能把微微一笑送予老人,这可比买吃、买穿要好很多,比给他们什么都好,微笑就是对父母最好的孝顺。

二十一　何先奇

何先奇老大爷虽是耄耋之年，却身体强壮。除患有严重脑萎缩、前列腺炎这两种病外，他能吃、能喝、能睡。刚来养老院时，大门也不敢出，他怕出去回不来，容易走失，因此院里的工作人员都很注意他的行踪。住了一年后，慢慢熟悉了也就好多了。不但出去能自己回来，还常常帮助服务员打扫卫生、清理垃圾，不怕苦，不怕累，更不怕脏。他对个人卫生不讲究，为卖俩小钱常到外面拾废品回来，把宿舍搞得脏乱不堪。其实他并不缺钱，每月能领两千多元退休金。住养老院每月也就交六百多元，但他舍不得花，既不抽烟，也不喝酒，节约是他一辈子改不了的习惯。

老人们逗他说："光溜溜来，光溜溜去。生不带来，死不带走。你留下的钱当废纸呀！"但谁劝说他都无用，他有他的老主意，他有他的倔脾气。

"老何真是个好人。"老人们都这样说。

养老院里一共住着七十多个老人，他和谁都能相处得来，不生气，不吵嘴。如果养老院遇到有老头子闹矛盾在一个房间合不来，诸如因开窗户、拉窗帘之类鸡毛蒜皮的小事情吵架骂嘴处不来的，院长赵老头儿就让何先奇老人去和其中的一个调换。何先奇一调换过去一切就悄然平息，风平浪静。

"你爱咋就咋我都行，早睡晚睡都随你，开灯关灯也由你。我睡我，你睡你，我脑不管用，记不清事，忘性大。"他对别人常说："我老了，八十三岁了，已经无心无肺，唯有留着这脑袋就知道吃饭。”

何先奇老人忘性真不“含糊”，他会把刚刚发生过的事情转眼忘得一干二净，但年轻时的一些事情他却记得特别清楚。比如他说的两个快板：《山药蛋》和《讲卫生》，在养老院就引起过轰动，他能让所有在场的人都激动得热烈地鼓起掌来。但是必须人多，在场最少也得有十来个人，或者是让院长赵老头儿说句话他才说快板。

不然他会说：“再说吧，下次吧！”推辞过后躲着你走开。

他不讲卫生，很邋遢。可他快板不是《讲卫生》就是《山药蛋》。说得最好的还是《山药蛋》。何大爷嗓门高、口才好，说起来有声有色、节奏感很强，还朗朗上口。过春节或九九重阳节联欢会时，只要有人喊：“老何给咱来个快板吧！”他就当场站起，大声对老人们说唱起来：

我的名字山药蛋，家住山西农村间。
我和大家常见面，有几句伤心话儿谈一谈。
想过去金杯餐，大家不当我庄稼看。
玉米小麦占大地，让我年年住荒山。
自从来了共产党，山药蛋我也把身翻。
黑龙江、南海南，天津又到大别山。
全国都把我栽种，玉米小麦它发了言。
它说政府待我好，七嘴八舌提意见。
不怨政府待我好，我的本领不简单。
第一我的产量大，亩产两千一百三；
第二我是主要粮，能顶米来能顶面。
蒸吃炒吃都香甜，煮吃烧吃又省盐；

煮油糕烙饼蒸馍馍，只用加进三成面；
经过加工成黑盐，成本低、价钱贱。
酿酒造醋还制糖，又酸又凉又香甜。
把我造成淀粉面，外国去把机器换。
我的皮还挺值钱，喂猪喂牛是好饭。
我是山西大特产，好处五天说不完。
说到这里打个站，换个同志再来谈、再来谈！

说完引起在场全体老人高兴得满堂喝彩、热烈鼓掌。

“可惜说快板的人不在了。”“好人！好人！”何先奇老人突然去世，养老院里的老人们相互间谈论了好一阵子。

原来是有天早上，何大爷穿衣起床时，跌倒在床下。不久前刚和他调换在同房间的朱新达老人虽行动迟缓腿脚不灵便，但也用力把他扶到床上。这是一个不可思议的事，要知平时都是何先奇老人帮助朱新达老人做点小事，这次却是朱新达扶何先奇老人到床上。

当问起怎么把何大爷扶到床上时，朱大爷说：“是他自己慢慢从地上站起来的，我只是稍微扶了扶，让他躺在床上了。”

养老院主要是接收能自理和半失能的老人，收费较低，对护理老人和救治病人无能为力。吃早饭时，服务员发现何先奇老人没到餐厅，便问隔壁的王大爷，王大爷说：“他病了，话也不能说，早饭怕是不来吃了。”

这时炊事员和事务长及养老院冬季送暖烧锅炉的工人知道情况不好，三人快步上去二楼进入房间，看到床上躺着的何大爷，便走近床前高声问：“怎么了，老何您能吃早饭吗？我们给您送来点吃的！”

何先奇慢慢睁开双眼看了看，有气无力地说："不吃了。"

"您难受吗？感觉到哪儿疼吗？"锅炉工人问。

"不疼，哪儿也不难受，只是身上一点劲儿没有，想起身又起不来。"他用微弱的声音回答。

锅炉工老大哥，五十多岁，懂点中医，把了把脉说："快打120急救电话，他病得不轻。"

事务长马上拨通了120，一会儿救护车就来了。养老院这边又很快用电话通知何先奇的儿女们。

何大爷一辈子生养了一个儿子，三个女儿。儿子在外地打工，要赶回来也在下午以后。女儿也都是五六十岁的人了，多在乡村居住。病急不能再多等，养老院的三个工作人员先把何大爷送上救护车，陪他到医院先付医药费。

医生检查完后说："没什么大病，只是心电图有问题。"

问老何哪儿难受，老何摇摇头："不难受。"然后闭上眼睛就再也不说半句话。两个小时后，他的儿媳妇来了，养老院的工作人员才返回养老院，他们三个人为送何大爷去医院连早饭也没来得及吃，早已饥肠辘辘。

第二天才知道何先奇老人当天下午就离开了人世。几天后他的儿女来到养老院，一来表示感谢，二来办理离院手续。老人们向他们问了老何生病住院的情况，个个面生苍凉，同时七嘴八舌议论着：老何人好，得病到死不受罪，睡着睡着就去了，也不拖累儿女们，这是上辈子积的德啊，这辈子得到了好报，他真是个有福之人。

问是什么病时，儿女们说："医生估计是心脏病，在县级医院，医疗水平有限，只能是推测，只输了半天液，当天下午人就不行了。"

儿女们想尽孝心都没来得及，对医治无效的病人，病重生活不能自理的老病人，往往会让儿女们经历劳累的伺候过程，一个月、三个月、半年甚至更长，久病床前无孝子，病人受罪，家人受累；但如果要是亲人突然去世，没有经过亲自护理与伺候，没有尽到责任，那么往往又会留下遗憾、落下后悔。让你常常思念起亲人在最后的日子里，老天爷是那样的无情无义，人活着又是那样的毫无意义。假如在永别时你能护理伺候一段病痛中的亲人，这会让你感到于心无愧。因为你已尽心尽力，天遂人愿，顺其自然，使活着的人对亲人们毫无亏欠。

人越老越感觉不到病痛，特别是脑萎缩这种病，脑子不像以前那么灵敏，神经已没什么知觉，八十多岁了，睡着了，却永远不会再醒来，父母不痛苦，儿女不劳累，老人都希望有这样的结果。可这生老病死不由人啊！谁也不知道自己是怎么个死法。人老了只要得的是要命的病，再好的医院，再好的医生也救不了你的命。

二十二　闹矛盾

三年前，吕老头儿刚住进养老院，和一个在本地区工作多年退休的外地姓贾的老人同住在一个房间。两个人的生活习惯不一样，常因小事吵嘴。一个要开窗通风，一个说开窗换气好是好，可我怕风吹感冒了；一个晚上睡觉要关灯，一个说关灯不好，夜里起来小便不方便，太麻烦。

这两位老人住的是普通房间，因没有卫生间，晚上需要备个尿盆。刚住养老院的前几天，吕老头儿每晚要小便四五次。这人老尿多，整夜里惊动得贾老头儿不得安宁。有一天晚上，两人又因小便盆加不加盖儿吵了一夜，闹得两人一晚上谁也没睡好觉。

贾老头儿说吕老头儿："你能不能把你的便盆加个盖儿？尿完后把它盖上好不好，呛死人了！"

吕老头儿瞪着眼说："不好！按你说密封起来才好。盖上盖儿还有缝儿，这尿臊气味就冒不出来啦？谁的尿没臭味，你尿出来的香？你直接喝掉还省得打开水！"

"你！"贾老头儿那个气啊，气得直说不上话来，躺在床上一直瞪着俩圆圆的眼珠子到天大亮。

第二天一大早，贾老头儿找院长说让给他调换房间。那时候何先奇老人还在世，在另一房间住着，院长想了想，就在当天上午让吕老头儿与患脑萎缩的何先奇老人换了房间。何大爷脾气好，八十三岁了，从来不和别人吵嘴生气骂人，都说他是个好人。可是只住了三天,贾老头儿又找院长说:“我还是回家住吧!这儿不适合我住。”

院长问:“咋了,是不是何大爷也和你吵架了,又没让你睡好觉?”

贾老头儿说:“那倒不是,这个何老爷子一天不说一句话。就是晚上不用尿盆小便,直接就尿到床上了。他的褥子几乎每天都是湿漉漉的,室内空气很糟糕,我忍受不了,只能回家住了。”

院长说:“我知道,他有前列腺炎和脑萎缩病。他的儿女们也常来给他换洗,也给他准备有尿不湿,但他又不舍得用,这种病时轻时重,过几天看看,不行再说吧!”

他们两个人倒是争吵不起来,可是这位何老爷子什么都不讲究,你做什么他都行。其实他不是不讲究,他也想卫生干净,但是人老了又有病,想着不会有什么大的妨碍,也不必要费力,只好破罐子破摔了!

老人吵嘴主要不是争辩对错的问题,而是发泄心中不平的情绪。发泄一下后,心中才感觉舒服。也有的会吵出个水平,吵出个输赢。弱势的老年人常常难以控制住自己的情绪,会越吵越激烈,血压升高,心率加快,这对老年人来说是非常危险的。拿破仑有句话说:“能控制好自己情绪的人,比能拿下一座城池的将军更伟大。”

假如是老人的儿女们来看望了,老人的情绪就会好很多,心里又甜又美。如果长时间见不到自己的儿女们,老人的情绪就会很糟糕,甚至会生病,这就是常说的心病。

老人对自己的儿女,特别是孙子孙女们亲不够、爱不够,来看望一次要离开时,总要送很远才返回。但对别的老人却是斤斤计较,自私自利,让人不可接受,难以忍耐,大吵大闹,甚至破口大骂,活活就像个小孩子。

随着年龄的增加,老人们的思维越来越像个小孩子。只不过方式方法、说话做事有差异。小孩是不成熟的幼稚思维,老人是衰老的思维,所以就有了“老小孩”和“老顽童”的称呼。

还有一种情况是老人之间相处很好,说话和气、有礼貌。有时却和自己的儿女们发脾气,时常争争吵吵。即使儿女只来坐一会儿,也会被老人骂得不欢而散。有的儿女能理解,有的就不理解了,反而赌气不来了。父母认为儿女不孝,儿女认为爸妈不近人情,实际是因衰老而思维不正常而已。只有等到儿女们自己老了才能真正体会到这人老的苦衷,但等到他们亲身体验到了,这老一辈的人也就进了黄土,他们才感到后悔,可到那时候明白了也就迟了。

二十三　老骂人

八十九岁的施大娘的耳朵也就纯是个摆设，话说多少遍，声音再高她都听不见，对着她耳朵大喊大叫她也听不到，但是她的嘴巴除了吃饭就是骂人。骂出来的话让你都想不到，难听得让你脸红，有时又能逗你忍俊不禁，让你想起来都想笑。

她骂人多是因为她听不到，又看见有不顺心的事，或者是她想做的事情没办好，不符合她心意。其实大多都是误会引起，她疑神疑鬼多是因耳聋惹的祸。这让其他老人对她都很反感，时常说这老东西又开始骂人了，还是躲她远点好。

有一次养老院里，个别房间需要调整几位老人。安排到她房间一个老太太，把原来同在一起住的老大娘搬到另一个房间。

施大娘看到此事就不耐烦地骂道："怎么了这是，这个房间里有老虎了？吃人啦？说走就走。"

新调换到她房间的老大娘也无缘无故地被她骂了："这是怎么了，没人要了？你个老东西。"

搬来的老大娘知道她耳聋啥都听不到，不予理睬，去开窗要通风，她不让打开窗户还骂道："你就不怕中风，吹死你。"骂是骂，但她也不去阻拦。

这位施大娘是老住户，来养老院有八年了。多数老人都知道她耳聋什么也听不见，也不好惹，干脆不予理睬，都让着她，她爱怎么就怎么，能避让则避让，能忍则忍，不与她一般见识，毕竟是快九十岁的人啦。

有一次刚来了一位八十多岁的大娘，严重弯腰驼背，身高只有一米。不知刚来怎么就惹施大娘生气了，一见面就骂上了："你从哪里来的，背锅打蛋像个甚。"

刚来的这位老大娘不了解情况，看她年龄老大不小了，便接上嘴骂道："我刚来怎么惹你来，你甚东西，快九十了，死也该死了。"

骂声招来的大爷们、大娘们都围过来看热闹。几个大娘们过去把她两个拉扯开，让大家都离远点。还有老人给她俩摆摆手，示意别再骂了，难听死了。一个聋的啥也听不见，一个刚来还不知水深浅，但都不是省油的灯，真是老没个老样，以后怎么有脸在这里长期居住生活呢！

施大娘有时候没有人可骂了，在卫生间对着镜子也要骂镜子里的影子，自己骂自己"你不要脸，我去哪里你去哪里"。

不知怎么她连镜子里再不能熟悉的脸都记不清楚，那可是你自己啊！多数人认为骂人只是用恶语侮辱人，殊不知骂街、骂娘、骂架、骂阵都可以激怒对方，最后升级为动手，相互殴打起来。

对院长赵老头儿来说，他感觉老人们骂人是为了出气，他发现常爱骂人的老人没有病，吼一吼心里才感到舒坦。老人们一般是大笑不起来，也少见痛哭流泪，大多是呆坐或者扎堆儿唠嗑来解闷，很少有老人用讨厌的骂声和大声吼叫的方式来发泄，可为什么有个别老人就非要用这种方式呢？有一位老人就常在院里大声吼叫，如果不知道他有这毛病还以为他是个半疯子，应送往精神病院，而不该来住这养老院。其实赵老头儿知道他是有心脏病，在家里儿女们嫌他随时不由自己地随便吼叫，干扰周围邻家不安宁。

为此，院长赵老头儿专门组织了老年人大合唱，为老人印制了二百册《老年人心连心大合唱》手册，发给每位老人，人手一本。用唱歌来替代吵架、骂人和吼叫声，没想到还真有效果。

二十四　老打架

张大爷八十二岁，和已经八十岁的贾大娘都是各自包房间，房间是门对门，最近的邻居。但是房间的布局却不一样，张大爷是标准间，室内设有卫生间，用水、洗涮都很方便；贾大娘住的是普通间，要想方便得去房间外几米远的公用卫生间，比起标准间来有许多的不便利。但张大爷要比贾大娘每月多付养老院费用一百元，这就叫一分价钱一分货，十分价钱买不错。张大爷常对老人们唠叨："咱人老了不能太节省，该花的钱一定要舍得花出去，花不出去就是废纸一张，这人不就是光溜溜地来，再光溜溜地去吗？"

天有不测风云，人有旦夕祸福，更何况是老年人，人到老年更得处处小心。贾大娘有天站起来活动，忘记拄拐杖，刚一出门，一个小台阶没踩稳，就把右脚给崴了。这近几天来，餐厅去不了，吃饭付小费让服务员送到房间。大小便都得去房间外几米远的公共卫生间，很是不方便。

对门张大爷看见，客气地对贾大娘说："真是遇到老来难了，你不用上那么远的厕所了，就近用我房间的卫生间吧！"

"好好！行，谢谢你的关照。那你就将就我几天，等我稍好些不是很疼了，再上那边去。"贾大娘如是这样说，两人门对门关系还是不错的。

张大爷老伴去世两年后住进养老院，贾大娘老伴不在世已有十多年，住进养老院也三年多了，又都是八十多岁的老人了，也做不了什么见不得人的事。可是老人们议论说干脆碰在一起好事成双圆房得了。贾大娘心里没什么,可张大爷不情愿。一个巴掌难拍响,一厢情愿没碰成,这事也就给黄了。

一天,张大爷正在自己卫生间的便池上蹲着。贾大娘一瘸一拐地边走边褪下裤子就要进去。

“我还没擦屁股,你先等等吧!”张大爷着急地喊。

“我憋不住了。”

“那也得等我把屎擦干净啦。”张大爷不耐烦地说。贾大娘只好憋着再兜起裤子坐在张大爷的床边先待着。

两个月后,贾大娘的脚稍有好转,不再让别人给她送饭,自己可以慢慢去餐厅吃饭了,只是还一直在张大爷的卫生间方便。这使张大爷很反感,碰不巧双方都有些尴尬,又不好说什么。

有天张大爷的女儿来看望她老爸,正好碰上,便对贾大娘说:“姨姨,我看你脚也好多了,可以去公共卫生间了,我爸年龄大,身体不是很好,这样都不太方便。您说呢?”

“好好！我好多了,是可以上那边卫生间去了。谢谢这段时间给我提供了方便。”贾大娘嘴上这样说,可心里却是老不高兴,扭头愤愤不平地回到自己的房间。从此两位老人不相往来,再不说话。门对门常见面,走个面对面谁也不搭理谁,互不问候各走各道。

有天贾大娘碰到院长赵老头儿说:“他八十多岁了,还欺负人,说我想和他碰伴,我还嫌他脏,什么东西,你得管管。”

“我能管得了这事,我看你俩不是还挺好的吗?”

“好什么好!”贾大娘一句话就把赵老头儿的话顶回去了。

赵老头儿最怕遇上这种事,便匆匆忙忙地走开了,没和她再说什么。养老院本是一个特殊的大家庭,这个大家庭要比小家庭更难管理,人多嘴杂,事小麻烦大。

一晃半年过去了。一天早晨正在吃早饭,餐厅里盆、瓢、勺、碗、筷子磕磕碰碰叮当响,碗边到嘴边啧啧声声,老人们吃饭正欢,话都顾不上多说。这时,贾大娘把儿女们孝敬给自己的一大碗野菜端上餐桌,给各位老人分着,让都尝尝,然后又走到其他餐桌分给几位老人。刚回到自己的座位上,另一个多嘴的江大爷想吃,偏偏没有给他分点解解馋。

江大爷就扭头问另一个餐桌上与自己背靠背的张大爷:"你吃上野菜了吗?"

张大爷和贾大娘两人是有矛盾的,江大爷明知故问,真是茶馆里不要的伙计——哪壶不开提哪壶。张大爷要不吭声也便罢,却偏偏恶语出口:"吃什么吃,我还嫌她的菜臭,看见都恶心。"

"啊!"张大爷才感到自己失言要惹祸了,但为时已晚,贾大娘听到后,气得双手拍桌子,瞪着两眼大骂起来:"谁臭?谁恶心?你是啥东西,你还不如我脚底下的污垢,恶心死人了。"

张大爷也正好吃完饭放下筷子,心想这下捅马蜂窝了,快快离开为妙。不想刚要出餐厅门口,就被贾大娘猛地抱住,张大爷的腿动弹不得,贾大娘仰头大喊大骂,唾沫喷了张大爷一脸。这下张大爷怒了,抬手一巴掌扇到贾大娘的脸上。老人们听到"啪"的一声响,一下乱了起来,两人小孩似的打起架来,还是一男一女,闹哄哄地都在看。这时餐厅服务员,还有大李和小王立马跑过去,连拖带拽好不容易才把贾大娘和张大爷拉扯开。张大爷一声不吭地回了自己房间,贾大娘在他身后无视旁人,抬手指指点点大骂不止。餐厅大部分老人都已经就餐完毕,只因这场突发的闹剧没有回房间。

老人们乐着呢，说这要比看影视剧还精彩，真过瘾。俗话说男不和女斗、鸡不和狗斗、富不和穷斗。这里的老男和老女却不但斗嘴还动起拳脚来。这场闹剧好长一段时间成了老人们在一起闲聊的话头。随后两天里是双方儿女们的调解。张大爷的女儿来什么也没说，只是劝自己的父亲别再和贾大娘生气，都这么大年龄了，对身体不好。贾大娘的儿女们也都来了，还去质问张大爷为什么要打他母亲。

张大爷："我不怕你们！我是正当防卫。"张大爷站在他房间门口，手里还拿着把剪刀，对着贾大娘的三个儿女大声说："不能进我房间，我是正当防卫，我为什么打你妈，去问问其他老人，我为啥不打其他人，偏打她。你们去调查好，再来找我，也可以通过法律渠道解决。"

贾大娘的儿女站在那儿看了会儿张大爷，然后说："不准你以后再打人。"

"那得让她不再骂人，我保证以后不再打人。人不犯我，我不犯人，人若犯我，我必犯人。但也不排除正当防卫，老了要是防卫过当，那我也难以避免。"

贾大娘的儿女们听张大爷这样说，只能退回去劝他们的母亲消消气，算了吧，别再争强好胜。

这场闹剧发生时，正好院长赵老头儿出差没在养老院，他回来第一时间，贾大娘就找赵老头儿告状说："这打人的事你管不管，就这么算了？"

"你和张大爷两个人打架的事，我已经听别人说过。但这事不在咱养老院的管辖范围，应该找公安局，报 110 来解决。要是你吃不到饭了，睡不好觉了，这才是我们管理的范围。"

赵老头儿又说:“你们都多大了,还打架,也不怕儿女和同龄的老人笑话,还真‘返老还童’了啊?”

“我不怕,这么说你不管?”

“不是我不管,是这事有点大,我管不了。”

这样的事的确是不好管,也管不了。随着时间的推移,每天会有新的故事上演,这事也就逐渐被人们所淡忘,再也没有下文了。

二十五　老唱歌

在这所养老院里有70多个老人，其中九十岁以上4人；八十岁到九十岁31人；七十岁到八十岁25人；六十岁到七十岁13人。老婆婆们43人，老爷爷们30人。院长赵老头儿组织他们唱歌，每天要来个大合唱。可是这里边有20人耳聋；30多人记不住歌词，看不清歌谱，爱唱却又无能力。剩下20多个老人组成的合唱队，赵老头儿亲自带队，厨房的几个服务员很想陪着老人合唱，但因做早饭不能全程参加。一个工作人员才学了几天的电子琴，就边学边弹起来，给他们伴奏，由两位老人拉起二胡来配音，七十岁的孔大娘站在台阶上当起了指挥，还真像是一个合唱团。

夏季入伏，赤日炎炎。几场大雨过后，热气腾腾的像把人放在蒸笼里。养老院里的老人们几乎足不出户。夏季昼长夜短，老人们四五点就起床，出门到外边遛弯、散步，太阳一出来摇着扇子转回来。热了老人怕中暑，冷了不耐寒容易感冒。人老了抵抗力差，怕冷又怕热，还真是老弱病缠。夏天早晨五点，天就亮堂堂了，而且清凉宜人，离七点开饭还有两个小时。赵老头儿有早起的习惯，安排在这段时间里自由活动。老人们爱唱歌就唱，爱跳就跳，想遛遛就去散步。

唱歌使人快乐，唱歌使人健康，唱歌使人年轻。老人们要想快乐幸福怎么能不唱歌呢！因此养老院里常常歌声飘扬。据相关研究显示,唱歌的作用不亚于散步、游泳、骑自行车等运动。唱歌可以提高身体免疫力,唱歌时注意力集中,全身心地沉浸在歌曲优美的意境中,特别是唱自己喜爱的歌曲时,大脑会生成和释放类似于吗啡的脑内激素,并促进和激发免疫球蛋白和抗压力激素的增加,从而使大脑和身心感觉轻松愉快,增加身体的免疫功能。唱歌是腹式呼吸法,可以促进新陈代谢,使肺容量增加,还可以增强记忆力。老歌新曲成千上万,歌词更是内容丰富,不用心很难记得清清楚楚。其实唱歌也是一种脑力劳动,要从脑海中数以亿计的信息中搜索,恢复并重现歌曲相关内容,长此以往,可以健脑,提高记忆力,还能预防疾病。唱歌时长短呼吸搭配,使机体代谢增加,改善心脑血管的功能,降低高血压、心脏病、糖尿病的发生率,可谓是“天然良药”。以画养心、以歌养生,比吃药都管用。

上了年纪,人们身体的各个器官都不可避免地出现衰老,经常唱唱歌好处多多。除以上所述,还能锻炼口齿听力、增加社交、调节情绪、排解压力,减少生病次数。的确每天坚持唱歌的老人比不唱歌的老人更愉快、更健康、更长寿、更高兴。

赵老头儿每天早晨五点半就准时到花园里的凉亭下,那里空气清新,鸟语花香。爱唱歌的老人们早已坐在那里等着孔大娘来指挥和领唱。每天一个半小时,能唱二十几首,有老歌也有红歌。这些老人在20世纪六七十年代,是三四十岁的年轻人,如今已是满头银丝,有的豁牙露齿,有的一嘴假牙,但仍然精神饱满。

很快夏天的三个月过去了,转眼进入秋季,天气渐渐凉爽起来。早起的习惯他们是变不了的,但怕凉又是老人的特性。每天早晨唱歌习惯了,要是取消了,爱唱歌的老人们又很难接受,一时适应不了,有些甚至像掉了魂。怎么办呢?赵老头儿发出通知,歌还要继续坚持唱,但时间应作出适当调整,具体为早晨各自在室内练习,每天下午四点半至六点半晚饭之前合唱。

这些老人们最爱唱的是《东方红》《大海航行靠舵手》《公社是个常青藤》《地道战》《浏阳河》,还有《保卫黄河》《打靶归来》《歌唱祖国》《我的祖国》《牡丹之歌》《洪湖水浪打浪》《南泥湾》《英雄赞歌》《三大纪律八项注意》《党啊！亲爱的妈妈》《毛主席的话儿记心上》《红星照我去战斗》,这些歌曲他们百唱不厌。有时也学习新歌曲,换换脑筋。真让老人们乐开了怀,心里那个美滋滋。不知不觉中就到吃早饭时间,餐厅哨声响起,歌曲唱到一半时也不能停,总得唱完,而且往往最后的歌唱是在铿锵有力声中结束。

二十六　老跳舞

老人睡眠少，早晨天不明就醒来，因行动迟缓慢慢翻转身。唉！又该起床了，八十多岁的老年人睡眠少，用力撑起身子骨，扭过身来坐稳，穿上衣服，穿好袜子，兜起鞋，足足得半个小时。人老动作都这样，很慢、很慢……害怕万一栽倒，弄个骨折什么的，头破血流，那麻烦可大了，还会给儿女们添乱。年轻时那种轻快利索劲儿已无影无踪，只感到身体沉重，笨手笨脚，做什么都很费力。

人在跳舞时能分泌一种“快乐”的荷尔蒙，这种荷尔蒙让我们心胸开阔、精神爽朗，促进血液循环，让大脑摄入更多的氧气。经常跳舞能让人头脑清楚，思维清晰，有效增强记忆力。所以从小孩到老人都爱跳舞，特别是老年人，经常跳舞能使自己的心理年龄变得年轻，更有朝气活力，增强记忆力，防止老年痴呆。

每天早上六点半，是养老院里集中跳舞的时间，再有半小时才到吃早饭时间。个别老人提前，早早就等候着领舞人来打开音响。领头人是曹大娘，七十六岁，是位退休体育教师。虽然已年近八十，但身心健康，爱唱、爱跳，在养老院里是个热情活跃、很精神的老人。养老院 70 多个老人，百分之六十是八十岁以上。除了爱唱歌的老人聚集在一起外，想跳舞的最多也就十几二十来个。还有些爱跳又跳不动，想扭一扭又怕腰酸腿疼，弄不好还容易发生抽筋的，只好坐下来看看热闹欣赏一下。天暖和了就去院子里转转，天冷时在稍大点的门厅里活动活动。其实谈不上跳舞，只不过就是扭扭身板，伸伸胳膊,跟着音乐节奏走一走活动活动而已!

大多早晨基本都是固定的老人,而且多数是老太太们。她们跟着音响快慢节奏的步数走走,还有几个老大娘右手拿拐杖,左胳膊甩起来,一二三四、二二三四、三二三四。像这样奇怪的舞姿,也没人给她们编上个什么老年拐棍舞。

老年人吃吃喝喝、扭扭跳跳、说说唱唱,是延年益寿的好方法、好习惯。只是有些人力不从心,耳聋听不清楚音响,眼花看不清姿势动作,自己也不知道该抬左臂还是动右腿。曹大娘精神好,每天早上在前边领头又扭又跳,后边跟着一些老人似扭非扭、似跳非跳,就像孩童学走路一样摇摇晃晃。刘大爷什么都听不见,跟不上音响的节拍,只好练习起他自己以前学过的太极拳。围观的老人倒是看得津津有味,指指点点,嘻嘻笑笑,各享其中趣味。早饭时间快到了,老人们到餐厅去吃饭,路过门厅前跳舞的空地,情不自禁就停住脚步看上几眼。看着看着不由得自己也跟着扭上一扭。都是清一色的老人,不怕丢脸害羞,也不怕别人笑话。乌鸦不笑老猪黑,黑猪不笑驴脸长,你我都彼此彼此而已,只要高兴开心就好。舞跳得不好没关系,又不是去参加什么大赛,就是活动活动,筋骨松、一身轻,吃饭时更香甜、更有味。

有一位八十三岁、身材肥胖的老大娘,体重总在 85 公斤左右,可是扭起来很利索,看上去比身材清瘦又苗条的老人灵巧多了。但平时她走起路来看上去很笨,上楼梯就像是扛着一袋面一样呼呼喘气。她眼神虽不太好,耳朵却挺灵。音箱一响跟着节奏一点也不笨拙,舞姿引人注目。有其他老人笑着说,她这么爱好跳舞却怎么也减不了肥呢?

与舞(动)为伴,动则不衰,用则不退,坚持运动,健康长寿。

二十七　老旅游

喜看半个世纪沧桑变化，我们超越了君王享受。不用上早朝，便知天下大事情；不用笔墨，可写文章锦绣。不问龙王，能知四海涛吼；无须腾云，可在蓝天行走。高铁飞机，时空缩小环球；电脑网络，已让天涯牵手。我们赶上好时代，就要快乐地向前走。

我的同学，我的战友，我的亲朋，我的伴侣，自然规律要看透，早走迟走都得走。多想一些开心事，莫为生计去发愁。凭借一个好身体，多吃一口是一口。没钱请转周边景，有钱来个环球游。爱画就尽情画，照猫画虎也很优。爱唱的放声吼，人人夸你嗓门秀。爱跳舞你使劲扭，切记莫把地踩漏！夕阳路上快乐走，遗憾咱不留。活他一个寿比南山不老松，常聚首，互牵手，乐他个天长地久。

中老年朋友们，如今退休一身轻，我们有大把的时间，我们有志同道合的老友，世界那么大，风光无限好，我们有什么理由不出去旅游呢？从今天起，约上自己的好友，去旅游吧，向着美好出发！

几年前，一个天高云淡，金风送爽的秋日，养老院里四位老人：八十八岁的严大爷与八十七岁的王大爷和八十六岁的尤大爷、八十四岁的孔大爷，相约到二百里开外的晋城皇城相府去游玩，他们是养老院里年龄较大但身体都很健康的四位老人。接他们去皇城相府的是孔大爷在晋城市工作的儿子。一辆小轿车正好坐下他们四位。20 世纪七八十年代四个老汉学大寨的小戏让人耳濡目染，如今四个老大爷逛皇城在养老院口口相赞。他们四个只有严大爷、王大爷两个拄拐杖。别看尤大爷已经八十六岁高龄了,走起路来却像六十多岁的人,孔大爷腿脚虽不很灵便,却从来不用拐杖,真可谓老当益壮。

那天,他们吃过早饭,换了身干净的衣服,坐上轿车走的时候,养老院的大爷、大娘们,连同工作人员,都露出羡慕的目光,喜送他们启程。

他们有健康的身体,良好的精神,孩子一样的心情,有高龄老年人的风度,既受人尊敬又让人爱戴。遇上了这美好的时代,过上了快乐的晚年。他们有这样的面貌是因为都有一个宽广的胸怀,而且都正直无私,这是他们四个老人的共有品性。

两天后,四位老汉平平安安、高高兴兴地返回养老院。好事做到底,送他们回来的还是孔大爷的儿子。

随后几天里,他们拿出在晋城皇城相府的旅游照片,一边高兴地向其他老人介绍,一边展示着自己在皇城相府的夕阳风采。

他们四个从小都是受过罪、吃过苦的人,有过想不到的艰难,十多岁经过战乱灾害和饥饿,在恐慌煎熬中长大成人。新中国成立初期,百废待兴,生活异常艰苦。严大爷当炊事员,在工厂里做了一辈子饭;王大爷曾在机关当会计;尤大爷也是一辈子在银行做会计工作;孔大爷则当了一辈子教书先生。他们现在靠养老金住在养老院,幸福愉快地欢度着晚年;而且他们都是儿孙满堂,儿孙们都很孝敬他们,常常来养老院关心看望,养老院便成了他们最快乐、舒适宜居的好地方了。

几年过去了,眼下只剩下孔大爷在世,继续游览着祖国的大好河山,其他三位给老人们留下了不尽的思念,皆已驾鹤西去了。

二十八　老走路

养老院里的尤大爷，前几年在市里三甲医院看病时，医生让他安装心脏起搏器，他就是不安。出院后回到养老院一直吃着中成药——心宝丸，两年过去了，身体仍然好好的，什么症状也没有。

华老汉有一天问尤大爷说："你身体这么好，有甚秘诀？"

尤大爷回答："两个字——走路。"

华老汉说："我知道，不就是你给我抄的那个七分饱经常跑吗？"

尤大爷扭头对华老汉说："我从没看见你跑过，路都不想走，还想跑？"

华老汉说："除了你，还有谁能坚持走下去？我就是佩服咱老尤一个。"说着伸出个大拇指。

在养老院的餐厅里，墙上的宣传海报就写着："早饭吃饱，午饭吃好，晚饭吃少，每顿七分饱，还要上街经常跑，健康长寿永不老。"

老人们在养老院住着，心里都很清楚健康的重要性。相互之间交流着如何保养自己的身体。有的人使用的是保健器材——按摩器等；有的人吃的是保健品，但多数老人认为保健品是骗人的，吃不坏也吃不好；还有的在自己房间的床边和显要位置贴上保养身体的各种条幅和顺口溜。尤大爷宿舍的墙上就有一纸抄来的养生歌：

睡得好，起得早。

七分饱，经常跑。

多笑笑，莫烦恼。

天天忙，永不老。

遇事不怒，疾病不绕。

说说笑笑，疏通七窍。

不冲动，永不老，

愁愁恼恼人易老。

笑口常开，长生不老。

华老汉也抄了一份贴到自己宿舍墙上显眼的地方，可是他只抄不动，光说不练。说是说，看是看，对他而言要想动动、走走那是很难办到的事情。

冯大爷走进华老汉的房间，问他："老尤又去哪儿了？"

华老汉说："人家坚持每天去街上转一趟。"

华老汉又说："你怎么不去？"

冯大爷说："我不去，我在院子里拄着拐棍已走了十圈。你还在床上躺着，我比你怎么样？咱承认比老尤是不行，但要和你比，比你强十倍。"说完就坐在华老汉旁边的椅子上。

华老汉慢慢从床上爬起来问："咱们早上吃的啥饭来？"

冯大爷回答："小米粥，玉米面窝窝头。"

华老汉说："对对，天天早饭是馒头，好几天才能吃上顿这粗面疙瘩，我感觉比馒头好吃。"

接着华老汉又说："都说最好的医院是厨房，是这个理。饭得变着花样吃，营养全，还保健又治病。"

冯大爷也说："最好的医生是自己。你看人家老尤吧！在那么好的医院里，医生要给他安个起搏器，他就是不安。这不，挺好的。

老尤自己就是好医生,还给国家节约了不少钱。”

华老汉说:“还有最大的财富是健康。人家老尤今年九十多岁了,离休后健健康康三十年,离休金每年领取五六万！十年是多少万,二十年呢！三十年呢!”

冯大爷又说:“我还知道最好的运动是步行。”

华老汉说:“怎么你又说走路了？就是不想走也不想动,去哪儿都打车。去药店买药吧,离药店也就几百米,还想打车去。再说了,什么事情也不能绝对,要随意些,顺其自然,因地制宜。一方水土养一方人！都说吃核桃能补脑,咱这年龄天天吃核桃你就不丢三落四了？老了,不服老不行啊!”

“你又吃饱饭撑着肚不饥,就能抬杠子。”冯大爷说。

养老院里能走路的老人占一半多。其中经常上街跑的多是七十岁左右不用拄拐棍的老人,其他人多是在院子里转圈圈。他们坚持定时间有规律,下雨天打着雨伞照走不误,可谓风雨无阻,不管春夏秋冬从不停止。有的是按时间走,十分钟、半小时不等;有的是论圈走,十圈、二十圈;有的是按长度走,五十米、一百米……只要没病不感冒,体力允许就坚持走下去不动摇。

二十九 签协议

入住养老院时，需要签入住协议书，这是必需的一个程序。其内容简单明了，便于老年人用很短时间一目了然就签了字。养老院协议是甲、乙双方约定的。甲方为养老院，乙方是入住养老院的老人。

内容如下：

乙方自愿入住甲方，甲、乙双方都要遵守以下规定：

一、乙方要按时向甲方缴纳所有规定的费用。个人现金及贵重物品要自己保管好，如有丢失，与甲方无关。

二、乙方要服从和遵守甲方的安排和制定的规章制度。如不服从所规定的制度和要求，甲方将让乙方离开养老院。

三、乙方在甲方住宿生活期间，一定要注意安全及身体健康，如有意外事故发生：受伤、外出走失、伤亡、突发病或病故等，由乙方或乙方子女、近亲人负责处理一切事务，甲方不承担责任。

四、甲方要向乙方提供住宿、饮食、娱乐等活动场所。

五、甲方向乙方除包吃包住外，还要提供以下服务项目：洗澡、理发每月一次，测血压、洗外衣和床单每月两次。娱乐是麻将、扑克、象棋、阅读报纸以及看电视等。

六、甲方要人性化管理，尽可能给老人提供伙食、煎药、送开水等方便，使入住养老院的老年人幸福安度晚年。

以上协议甲、乙双方都要遵照执行。

下面是甲、乙双方和乙方子女及近亲属三方签字盖章，再在下面注明何年何月何日。这些是协议书上的全部内容。老人及子女看后，如果完全同意便可提笔签名按手印。

问题是老人的爽快并不等于子女们都利索。有的子女并不情愿在协议书上签字，兄妹们要多几个的都怕承担责任你推我躲。还有家庭不和的，更是让老人左右为难。再则还有风俗习惯的阻力，晚辈感觉送长辈入住养老院会被亲戚朋友们笑话，落下不孝敬老人、想抛弃老人才送进养老院的话柄。其实如今七八十岁的老人对国家、对人民作出了贡献，退休后领取的养老金足可以支撑一个消费不高的家庭。老人想去养老院里自由自在地生活，那里热闹，又都是些老人，说话聊天有共同语言，下象棋、打扑克、摸麻将、看电视，扭扭跳跳，乐趣多多。这样的好事情大多数儿女都理解和支撑，都会让老人心满意足。可是有极少数子女就是拒绝签字，使得老人想住养老院而不能如愿以偿。

金大爷七十多岁，身强体壮。生有一男两女，两个女儿已出嫁。老伴去世后他和儿孙们住在一起，儿子在家务农，收入不是太多，金大爷每月能领三千元退休金，还能帮儿子种地料理家务。但毕竟年龄大了，一年不如一年。有一天金大爷和他的儿子商量好要去县城住养老院，当两人到养老院后，在办手续签字时，金大爷先签过，儿子却迟迟不签。正在犹豫不决时，儿媳妇突然来了。

进门对金大爷说："怎么就非来这儿住不行，在家里我们不管你了吗？"

儿子站在一旁一声不吭，一看就知道是个妻管严。

金大爷说："不回了，就住这儿了。来住几天算几天吧！我老了啥也做不动了，只能吃饭、睡觉，我想清净清净。"说完三个人都不吭气了。

快到中午了，签不了字仍没办成入住手续。这时儿媳妇的父亲，金大爷的亲家也来了。岳丈大人的驾到，惊动了养老院不少老人的围观。

金大爷这位亲家开口就说："你不想让你儿子和我女儿过，你就说句话！"

金大爷看了看周围的老人们，没吭气。

他亲家又说："你要来这儿躲清净，非来这养老院住不行，我就让我女儿和你儿子离婚，你看着办吧！"说罢骑自行车一溜烟去了。随后儿子带着儿媳妇也走了。

金大爷一听这句话傻眼了，干瞪着两眼啥办法都没有，这养老院是住不成了。

中午要吃午饭时，金大爷和养老院的工作人员说："对不起！一上午啥也没办成，白浪费耽误你们的工作时间，再见吧！"

金大爷低着头走出养老院大门。一边走一边想："谁让我儿子没本事，只怨咱自己命不好。不过眼下大学生毕业后就业也很难，何况儿子也没念几天书。我儿子虽在农村靠种地为生，但有时也外出打工挣点钱。可这一家人，你说离婚就离婚。我还舍不得我的小孙子呢！儿媳妇说管我养我，到底是谁管谁，谁养谁？我一个月领退休金三千多元，在农村，足够一家人三个月的吃饭、穿衣和消费。过去在农村像我这种情况，老百姓都会说：'养活你要比养头猪还要强很多。'真是越想心里越堵越气。唉！还是回家去吧！农村是个养穷人的地方。咱生在农村、长在农村，从学校毕业后，走出农村，再到县城里参加工作。现在退休了，人是回老家来了，可是这一回来，就再也不可能出去了。"

三十　拾废品

养老院里有三分之一的老人对矿泉水瓶、易拉罐、废纸箱、旧报纸、旧书、废铜烂铁等这些废旧物品情有独钟。老人们见废品如同老乡见老乡，两眼泪汪汪，一见到就弯腰顺手捡起来，视废品为香饽饽。一不投资，二不费时，碰到就随手捡拾，等攒够一定数量时，再一起送到废品收购站点卖掉换成钱。院长赵老头儿常常告诫老人不要拾废品，更不准把废品带回养老院，因为一不卫生，二是垃圾有传染疾病的风险。赵老头儿的劝说和解释虽能起到点作用，但不让老人们拾他们自己攒，把自己用过的食品包装箱和易拉罐等留下来，再等收废品的人上门时就卖掉。这些习惯年轻人嫌丢人，可是一些老年人却习以为常，为点小钱乐此不疲。

到了老年，千万别像存钱那样存着破烂儿。破家值万贯，那是过去的说法。什么都稀罕舍不得扔掉，那是老化的征兆。当下留存的东西不能看有用没用，要看常用不常用。不常用的东西，真用的时候不一定记得起来，记得起来也不一定能找得到，所以还是早早处理掉为好。大件的东西得赶快更新，说不定以后你花钱请它走都不那么容易。家里的东西究竟是多是少，先看看你家的“踢脚线”立马就知道。有价值的东西并不一定占据多大地盘，比如古画、古钱币、邮票等物品，那叫“收藏品”或是“古玩”，时间越长久越珍贵，和废品可不是同日而语的。

还有很多老物品，比如蜂窝煤炉、挑水扁担、铝饭盒、搓衣板、洗脸盆架、搪瓷脸盆、听歌磁带、电池手电筒、搪瓷茶缸、黑白电视机、相片镜框子、理发推子、农村红白事离不开的端饭“条盘”、针线筐、八仙桌、煤油灯、煤油炉、收音机、雪花膏、蒸馒头用的箅子、粮油店里计量工具的油漏子、竹壳暖水瓶、纳鞋底的锥子、用来梳头上虱子的篦子、磨米面的石磨石碾、簸箕……舍不得扔掉淘汰的老旧物件(废品)多的是。多数老人都会有怀旧的感情，看到这些老旧物件，就想起那过去的艰苦年代，感叹新时代真享福。

为什么老人们对废品会如此痴迷呢？一是因为他们是从艰苦年代、缺吃少穿的时候过来的；二是他们认为复杂的事情自己难做到，重活、累活也干不了，只有这既简单又轻快还不费心思的事儿可以力所能及；三是再想想这废品不同于垃圾，能够回收，变废为宝，保护环境，还能换成几个钱用于零花开销，一举两得，何乐而不为呢？

看起来并不是养老金、退休金的多少能左右老人是否拾废品的行为，而是老人们的人生经历、性格和处世方式而形成的对钱的索取欲望。有的老人一分钱没有，得靠儿女来供养自己，但不一定会去拾废品。魏大爷每月能领取四千元退休金，交养老院不足千元，自己舍不得花，剩下的全部留给子女们，却每天拾废品。山难移性难改，扔掉心里不舒服，捡拾起来才感到快乐，魏大爷视扔掉废品就是浪费。对废品的认识虽各有差异，但大多数老人对自己的健康都还是放在首位的，明白身体好就什么都有，特别是从来不靠儿女的老人，爱住养老院，把养老院当成是自己的家，他们对饮食、活动、锻炼都很注重。越是精神好的老人，越是想得开，他们开朗、活泼、爱动、走路、逛街、早睡、早起、晒太阳。都八九十岁了还是跳跳舞，听听戏曲，一听到音乐就想扭一扭。

三十一　相怜悯

老人们都怕生病，生了病怕疼痛、怕花钱，治好治不好不说，最担心的就是儿女们有没有时间，能不能在自己的身边陪伴。如果正好儿女们的儿女要是再病了，那就更麻烦。老的病了，小的也病了。工作可以放下不管，向单位领导请假好说，难就难在分身无术，是先去给老的看病，还是先陪小的上医院检查？上有老下有小，如碰上这样的事，只能干着急。可见老人的担心不是没理由的。

陶大爷前几天感冒了，大女儿陪着他去医院看过，医生说无大碍，就拿了些药回养老院调治。陶大爷老伴去世多年，育有三男两女，平时身体还行，从不给儿女们添麻烦，可这次感冒一直没有好利索。有天晚饭时，餐厅服务员没见到他来吃饭，便去房间看看他是不是又病了。果然不出所料，真的是病了，问他怎么难受，他眼不睁口不语。

问他："给您打点饭吧？"

他有气无力地勉强回答："不、不吃。"

看来病得不轻。服务员很快拨通他女儿的手机。院长赵老头儿给他儿子也打了电话。儿子说在外地，要回去还要两小时以后，并说："不麻烦你们啦！我会通知就近的兄弟姐妹。"

晚饭结束了，就餐的老人们陆续走出餐厅。听说陶大爷又病了，都你前我后地去他房间问候。看到已经起不了床的陶大爷，有的眼泪流下来，也有稍懂点医道的老人用针给他扎手指头；有的摸一摸手腕脉搏说："心脏有问题，快送医院吧！"

也有老人摸摸头说："出了这么多冷汗，他一定很难受，快叫他孩子们来吧！要不就叫120来？"

赵老头儿也在场，说："我给他儿女们都打通电话了，再等等，可能他们家都离得远。"

有老人说："五个儿女的家都远？总该有个近点的吧！再远有多远，坐车还来不了？真是急病慢大夫，父紧儿女松。"

小老汉、孙大娘、冯老汉都去看了一下，你唉声我叹气，气氛悲观失望。

卫大娘、李大娘、梁老汉、贾老头儿也都进去看了一下，出来时感叹着："唉！没办法了。"

你进去，我出来，我进去，你出来，出出进进。因房间小，挤不下几个老人，交替着你看看，我瞧瞧。姜大爷、尤大爷、赵大爷……都焦急。姜大爷还从厨房端来半碗粥，用调羹（小勺子）一口又一口地喂他喝。可是陶大爷只张开嘴合不拢，灌进去的饭又从嘴角流出来。和他同住一个房间的郑大爷比陶大爷年长六岁，一双耳朵是摆设，他只能看着其他老伙伴们忙来忙去自己却手足无措。

几个老人从床上把躺着的陶大爷扶起来，郑大爷一直支撑着他，陶大爷才不至于向后倒下。

有老人说："儿女们别指望了，还是快打120吧！"

赵老头儿高声问陶大爷："给你打120吧？"

陶大爷慢慢睁大眯缝着的两眼，摇摇头不让。赵老头儿又给他女儿拨通手机，然后对其他老人们说："他女儿就要到了，再等几分钟吧！"

在养老院里只要有老人生病或有甚困难事儿，都是这样互相关心着。若是有老人病了就用中医传统的办法扎手指头，也有的从自己口袋里掏出速效救心丸给病人喂进嘴里。如果是老人不小心跌倒了，见到就过去扶起来。你老我老他也老，老人扶老人。你使不上劲，我也没力气，困难不小，于是就喊几个老人过来共同使把劲儿，三个老人扶一个老人总还可以的，像这种情况在养老院里时有发生。县级的养老机构里护理人员少得可怜，也没人愿干这苦脏累、工资又少的工作。老人们住在这里，同病相怜、有病同扛、有难同当。

儿女们都有儿女们的事情，出外打工的，在外地学习的，在家忙着抚养下一代的……他们比老人们更忙。老人心疼自己的儿女，尽力不给儿女们添乱。

在这里全是老年人，老人和老人之间有共同的感情，也有共同语言，又有共同爱好。在家里儿女们都各忙各的事情，第三代都还在上学。老人整天在家里很无聊，所以住在养老院里，少了在家那种孤独的寂寞，生活幸福快乐多了。

三十二 吃饭难

民以食为天,吃饭是天下第一件大事。人不能不吃不喝,吃什么,怎么吃,这是人人挂心的事。老人们大都喜欢简简单单做,热热乎乎、清清淡淡吃,汤汤水水喝,软软和和咽。中国人见面多有一句问候是:“吃过了吗?吃的什么饭?”而不是说:“您好!”

养老院里的伙食正好符合老年人上述需求,而且午饭十天内不重样。入住养老院已有三年的姜大爷,八十多岁了,是20世纪50年代的大学生。为此,姜大爷还给养老院编写了一段顺口溜:

养老院里梧桐树,
根深叶茂实在壮。
树的标杆是院长,
伙食远近闻名扬。

人说深山出俊鸟,
招来一双金凤凰。
一个任职事务长,
一个厨师满院香。

精打细算事务长,
刀案瓢勺厨师掌。

大米白面备便当，
饭菜香甜真内行。

葱花大蒜和生姜，
香喷喷的小米汤。
喝得你我头冒汗，
家常饭菜响当当。

十天午餐不重样，
最好还是捞饭汤。
喝得老人直赞扬，
他人闻到口水淌。

逢年过节变花样，
鲜菜肉丸粉条长。
吃得肚饱眼放光，
过罢还把节日想。

谁说我在拍马屁，
有人想来轮不上。
要说我是吹牛皮，
你来住下细品尝。

养老院里的老人，每天都没什么事儿，整天总把吃什么、喝什么挂在嘴边。儿女们也隔三岔五地来养老院里看望他们，说话间都要拉呱一下饮食怎么样。老年人要想安度好晚年,第一是吃好饭,第二是睡好觉,第三是活动锻炼,第四是游玩娱乐。这活动、娱乐好办,由你喜好自便,但吃饭、睡觉就不好说了。年老牙口不好、味觉不灵,尽管伙食花样多变,但众口难调也不可能满足每个老人的胃口。小孩嘴馋,"老孩"也一样,天天琢磨着吃好吃的东西。要是硬了,咬不动、嚼不烂,囫囵吞枣咽一半;油大了,害怕消化不好;甜了,又怕血糖高了;没盐,饭菜不香没味,可咸了有味了,血压又高了;吃多了,肚子撑得难受;吃少了,又怕挨不到下一顿,肚饥心慌。所以这人老了吃饭就成问题,想吃好更是大问题,只求好吃,不求适合是很难解决的矛盾。实际上老年人比小孩更馋,所以,儿女们来养老院里看望自己的父母,就像看望孩子一样,常常都会带一些他们想吃又爱吃,且容易吃下去的食品。

冬天老人们大都是在养老院里或大门口的墙根旮旯里晒晒太阳,夏日他们又会聚在院里院外的树荫下乘凉,他们会看着手腕上的表,要是快开饭了,就慢慢地站起来,拄着拐棍一瘸一拐地到餐厅去吃饭。人是铁饭是钢,尤其是老人饭量一跌,毛病就来了,再不规律吃饭那可就完了。

三十三　睡不好

人老了身体就越来越没有抵抗力，体质渐弱，同时睡眠时间也会越来越短，一天睡眠不足五个小时。不是不想睡，而是睡不着，失眠是常有的事。人一辈子有三分之一的时间是在睡眠中度过，良好的睡眠可使精神旺盛，很好地维持身体机能。所以每天能吃能睡才是老人身体健康的主要标志。要做到能吃能睡的老人必须坚持以下四点：一是适度锻炼，如坚持跳舞、唱歌、走路来增强身体素质和免疫力；二是生活有规律，如白天不多睡，晚上少吃饭，早睡早起；三是调整好心态，情绪不紧张，生活没压力，知足常乐；四是睡眠环境好，如适宜的温度、光线，安静的住处和清新的环境。

院长赵老头儿，在养老院里不会常值夜班。他不值班时，就回家睡觉。

一天早晨赵老头儿上班，刚走进养老院的大门，便有四五个老人围上来你一言我一语地说开了："昨儿晚上你没值班，201 房间的两个老太太整整一晚上大吵大闹，大呼小叫真乱死人了！""吵得我们一夜未睡，你怎么也得给咱好好管一管。"

老人睡眠少，睡觉轻，失眠成了老人们的通病。如果再加上周围吵吵闹闹，那就更糟糕，莫说睡觉，不烦出心脏病就烧高香了！

院长赵老头儿听了老人们的反映并没有多讲，毕竟没调查就没有发言权，随即转身离去。心想这也不是什么稀罕事，问一问情况再说吧。

原来是戚大娘，老头子去世以后，就住进养老院里，住了已有四年。八十岁的她一直住包间，一个人住一个房间付两个人的房费。因生活习惯原因，戚大娘不愿和其他老太太同室共住。但包间要付出多一倍的住宿费，也是浪费，为了能节约点，一年前，她要求让李大娘跟她一同住。李大娘也是八十多岁了，在一起住了还不到两个月，就因生活习惯不同、脾气不合，两人时有争吵。昨天晚上因卫生习惯，半夜三更大动干戈，整整吵骂了一宿，全不顾别人睡不睡觉，只管自己痛痛快快出口恶气。

院长赵老头儿对这样的情况也毫无办法。这是养老院里经常发生的问题。碰到这种事儿也就是通知儿女亲戚朋友来劝解说和；或是相互之间调换一下房间；再则是推托、拖延、不予理睬，让他们自行慢慢消气。不过这说和调解的办法有时毫无效果，甚至越劝说他们越来劲。多数儿女也只能是劝说自己的长辈，不好意思劝说别人家的老人。所以一进门便先称呼姨姨或是伯母："对不起！别和她一般见识……"说几句客套话，作为儿女也只能这样子了。根本理不清对错是非，就像幼儿园孩子们的家长一样对自己的孩子，难得糊涂，都只盼息事宁人。可儿女一走，不出三天连续剧继续上演。

人老脑子不好使，手脚不灵敏，头脑转弯慢，可那嘴巴却不比年轻人差，说话吵架不肯吃亏；人老豁牙漏齿，胃肠不好，唯有资格不低，有时还倚老卖老；人老耳聋眼花，辨物不清，唯有睡眠短少，时常迷迷糊糊，自己看电视犯迷糊，别人关电视他却能立马把眼睁开，"我还在看哪！"

除身子骨老化外，头脑也衰退了。人老先老脑，过一天不如一天。儿童是头脑没成熟，但一天比一天强。一个是头脑衰退，一个还未长成熟。儿童和老人的脑子差不多，所以"老小孩"和"老顽童"

的叫法是有道理的。一个是未发育的小孩子要上幼儿园;一个是老化衰退的老头子要住养老院。小孩儿淘气不听话,幼儿园通知他的父母出面,老师叫去谈话、开家长会,共同培养教育下一代逐渐成长;老年人生气犯糊涂,养老院通知他的儿女来调解消除麻烦,一起劝说宽慰央求长辈少生是非,安度晚年。

治病治本,调换房间这个办法虽不错,但条件有限,得等机会慢慢来。养老院的房间本来就很紧张,再说了,就是本人愿意,那又有谁愿意会去和一个吵骂无常、脾气暴躁的人同室相处呢?

这老人合不来,三板斧砍不着个边,最后只有拖延、推托、不理睬,这办法虽有点消极,但还真能起点作用。

老年人本来睡眠就不多,还常常失眠,想尽快进入梦乡很困难。养老院明文规定:看电视声音不能太高,冬季晚上九点要关机;不能影响别人休息和睡觉,这都是为老人有个安静舒适的生活环境。如果你坚持不改,谁都管不了,只有不客气了,请你离开养老院,回你自己家里养老去吧!

三十四 养子女

世人都想生个儿子来延续香火，传宗接代。因此，总认为男孩比女孩好而重男轻女。虽然有花木兰替父从军的千古传奇，“谁说女子不如男”更是唱响大江南北多半个世纪，但也改变不了人们的传统观念，男女平等则成了时代口号。多数家庭因生不出个儿子，在名字上做文章，什么招弟、改弟、引弟等，带弟的名字也就是希望生个儿子而已。但男孩真的就如此重要，养个儿子就如此好吗？事实上并非如此。

如果爱一个男人，就要给他生一个女儿，让他在六十岁的时候，还有人搂着他的脖子跟他撒娇，批评他不听话，给他买温暖的鞋子，帮他买酒、点烟……

如果恨一个男人，就给他生个儿子，让儿子在他六十岁的时候拍着桌子，摔着杯子，管他要房子、要车子、要钱……

如果恨得太深，那就给他生两个儿子。

这段话是什么意思你自己琢磨，对重男轻女是一个莫大的讽刺，也算是一个响亮的耳光！

自古男儿多豪杰，但要知道巾帼不让须眉亦多。古有花木兰、穆桂英为国征战；前有刘胡兰、江姐、秋瑾等为国赴难；后有屠呦呦荣获诺贝尔奖……中国的女中豪杰层出不穷。君不见医院的护士大都是女孩儿;驾银鹰、登宇航也有她们的飒爽英姿;中国女排连续多次夺冠,名扬世界,说女子能撑半边天一点都不为过。

事实证明,在家庭中女儿比男孩有爱心又有耐心,既吃苦又细心。而一些男孩儿放纵、简单、粗暴,上不敬父母下不爱弟妹,干坏事、败家业,因而就有了“败家子”一词。

越到你年老时,你越能感觉曾娇惯过和溺爱的儿子越来越不听话。七十多岁的谢大爷给他四十多岁的儿子写了一封信。信是这样写的:

亲爱的儿子:

当有一天你发现我已日渐老去,请对我保持耐心并给予理解。

如果我吃饭的时候弄脏了自己,如果我不能自己穿衣服,请你对我要有耐心,因我曾经用了很多时间才教会你做这些事情。

如果我不断向你重复同样的话题,请你不要打断我,你只要倾听就好。因你小时候我也不断重复同样的故事直到你睡着。

当我不想洗澡,请不要羞辱我,也不要责骂我。因我曾经编出各种各样的理由,只是为了让你去洗澡。

当我对新科技显示出无知的时候,请不要用那种嘲笑的眼光看着我。因我曾经教给你许多东西——如何吃东西,如何穿衣服,如何面对你的生活……

当我在跟你交谈时突然失忆,不知所云,前言不搭后语,请给我充分的时间去回忆。如果我还是做不到,请不要表现得坐立不安。对我来说最重要的不是我跟你之间的谈话,而是你能与我在一起,并且倾听我的诉说。

如果我突然不想吃饭，请不要勉强我。因我知道什么时候该吃，什么时候已经不需要吃了。

当我的双腿老得已经无法行走，请给予我帮助，就如同我扶着你迈开人生第一步那样。

总有一天你会明白，虽然我犯过很多错，但我总想方设法给你最好的东西，帮你铺设人生的初始之路。

当我需要你的时候，请不要拒绝、不耐烦或无奈。你应该在我身边理解我、帮助我，就如同你的生命开始的时候，我为你所做的一切。请你用爱和耐心帮助我走完人生最后的旅程。

我爱你，儿子！

父 字

戊戌年桂月望日

真是情切切，意浓浓。

儿子收到信，看了一遍又一遍。晚上躺在床上辗转反侧难以入睡，身边的爱妻心疼地问："怎么了？有啥想不开的事情，给我说说。"

"没什么事情，没事。不知今天晚上这脑袋是怎么了，一直是这样的清醒。"但"清醒"过后是不是又要犯糊涂呢？那就没人知道了。

三十五　儿女们

中国有养儿防老的传统。当今社会多样化的养老方式为老年人提供了不同类型的养老服务,使生儿育女多子多福的观念比过去淡薄了许多。计划生育已成社会主流意识,多生养子女负担重,影响自己生活质量成为社会共识。

现在人老了,国家发有养老金、退休金,养老方式有家庭养老、居家养老、以房养老、机构养老等。你看那老年公寓、老年服务中心、敬老院、养老院、福利院、托老院、居家养老服务站、日间照料中心等平地而起,又有新兴起的抱团养老、医养结合养老更是锦上添花,争芳斗艳。但随着进入老龄化社会,养老机构设施建设仍显不足,养老对社会造成的压力日益加大。过去由五六个儿女孝敬两个老人到一对夫妇要承担双方四个或更多老人的抚养义务,谈何容易。

过“六一”儿童节,有六个人关爱呵护着一个小宝贝蛋,而一对成年夫妇可能要照顾十多个六十岁以上的老年人。翻倍的数目需要有多大的付出呢！真不敢细想,想多了没准还要得个焦虑症。上班、工作、学习、敬老、爱幼、教子都要兼顾到位,即使你有三头六臂也不是一件容易的事情。

一代人和一代人的活法是不一样的。有一个老人,自己年迈,老伴去世,他没女儿,只有两个儿子,分家各过,兄弟两人商定每一家半个月轮流赡养老父亲。碰到农历小月二十九天,只差一天老人就得饿肚子,便有了故事《墙头记》。这个故事被山东省一个剧组改编成戏曲,在演出时一度轰动全国,家喻户晓,影响很深。可不知道这老人的儿子看了有何感想。

现在独生子女多,到时候不知又要出些什么故事呢,谁也说不清道不明。常言道:“只有说不到想不到的事,没有做不到办不到的事。”

三十六　孙子辈

爷爷期盼孙子快快长大，长大了，就该上幼儿园了，就开始早晚接送，一直接送到孙子上中学。孙子很快成人了，大学毕业了，有工作了，要娶媳妇了。孙子也有孩子了，有重孙了……孙子也当爸爸了。而爷爷呢，退休了，没工作了；老伴因病去世先走了；老朋友们生离死别的多起来，什么都是越来越少。去世后挂在墙上的爷爷就成了永久的爷爷，受到子孙后代的尊敬瞻仰。

喻老头从微信上看到这样一段话：

没有孙子盼孙子，有了孙子成孙子；
不见孙子想孙子，见了孙子怕孙子；
小孙子吃喝拉尿忙坏了老孙子，
老孙子手忙脚乱还照顾不好小孙子；
小孙子哭闹还急坏了老孙子，
老孙子不知怎样能哄好小孙子；
小孙子零食玩具得靠老孙子，
老孙子不得不省吃俭用满足小孙子；
小孙子入园入学还离不开老孙子，
老孙子腿痛腰酸还得接送小孙子；
长大了小孙子，趴下了老孙子；
这时老孙子想见小孙子，
小孙子忙于工作无空去看老孙子；

老孙子只得含泪离开小孙子，

小孙子灵前痛哭老孙子。

儿子孝顺父亲比不上孙子孝敬爷爷。为什么？都说父子间有代沟，爷孙之间是隔辈亲。

古时候有一户人家，有个儿子叫宝贝。宝贝嫌他父亲年老多病卧床不起，五十多岁了，什么活儿也干不了，宝贝就想着怎么能甩掉这个包袱。可也没个好办法，害死吧也不忍心。终于有一天他想了个主意：把他父亲平平安安送进深山老林里，听天由命。主意已定，马上行动。

宝贝从家里找了个竹筐子，便和他儿子狗蛋把狗蛋的爷爷扶进筐子里坐好，并对他说："我和狗蛋抬着您上山看看风景吧！"

"那该有多累，不去了，我不去！"

宝贝说："没事，我们不怕累。"说完，就从床上把老人扶起来坐进筐里，拿了一床被子给狗蛋爷爷披在身上。拿上扁担，抬起筐子，宝贝在前，狗蛋在后，一前一后抬着老爷子一颠一簸就进山了。登上高山走到一个小山沟的大石头跟前停下来。宝贝前后观望了一下，心想这地方不错，空气新鲜又安静，风吹草摇，树木飒飒，真是个鸟语花香的好地方。便对父亲说："您是在筐子里坐着，还是出来坐在这块大石头上？"

"不用了，我就在这筐子里坐一会儿咱就回去吧！"

老爷子耳聋眼花，呆头呆脑，他怎么也想不到自己的宝贝儿子在对他使坏呢！

宝贝又对老爷子说："您在这儿多待一会儿，我们先回去，到时就给你送饭吃，这样省事。"说完转身，拉着狗蛋就要走，可是狗蛋一甩手就是不走。

“怎么了?”宝贝问他。

狗蛋回答:“我想让爷爷从筐子里出来,我要把筐子拿回去。”

“拿它有啥用处,不拿了,没用,扔这儿算了。”

狗蛋又说:“那不好！以后,我到哪儿再找这么个筐子把您抬到这里呢？这又大又结实的筐子可不能扔掉啊!”

宝贝一听这话傻眼了。他瞪着圆溜溜的眼珠子,惊呆了！想了一会儿,对他儿子狗蛋说:“你真是的,算了！那咱们把你爷爷连筐子再抬回去吧!”

说罢,父子俩便深一脚浅一脚地沿着弯弯曲曲、高低不平的山路把老爷子抬下山,又抬回家里了。

三十七　老来伴

养老院70多位老人里,有四对老来伴。

先说柏老爷子两口。他俩都是八十多岁的人了,虽能说会辩,但就是忘得快。做过的事、说过的话,半小时后完全记不起来,甚至连自己的年龄也说不清楚,至于哪年出生的更别提了。脑萎缩、老年痴呆这两个病并不传染,但两人在一起生活了六十多年记忆力却同时衰退。

刚来养老院,是大女儿送他们俩来的,千叮咛万嘱咐说:"这是咱县最好的养老院,这儿生活好,条件不错。吃了就睡,睡醒就吃,吃好去外面晒晒太阳,让你们享几天清福。"老两口都高兴地说:"好、好!只要有好吃的就行。睡不睡无所谓,晚上我们就爱看个电视。"

女儿又嘱咐说:"你们不能老看电视让大脑得不到休息,那样记性会越来越差,晚上要早些睡,记得吃药。白天常与这儿的老人们聊聊天,比在家里热闹不孤独。"然后托付服务员及时提醒他俩切记按时吃药。

第二天早饭过后,柏老爷子一直以为是住进了医院,忘记这儿是养老院。走来走去嚷嚷着找人要办理出院:"谁管算账,我俩病好了,要结账出院。这医院不打针不吃药也不输液,什么破医院,病好了也不让出院,还有人管没有?"

有其他老人告诉他:"这儿是养老院不是医院,我们都是长期住这儿的，是要一直生活在这里的。”

“谁说长期住在这里，我俩今天就要出院。你们想住就一直住吧！我没钱在这儿小病大养，无病哼哼。”其他老人被柏老爷子呛得再无话相劝，都走开了，服务人员也不知如何是好。

院长赵老头儿只好说：“别管他，随他俩爱怎么就怎么吧！”

别说还真的要回去了，全不顾他人的好言相劝，见人就讲：“我们现在就回家去，告诉我女儿，让她来办手续结算出院！”然后慢慢地和老伴一前一后走出大门，见了出租车，摆摆手把车拦下，打车走了。赵老头儿知道了，及时用手机把这一情况通知了他的女儿。他女儿就在家里等着，一会儿两人到了家，他女儿只好再打车把他们送回养老院，就这么来来回回好多次。三四个月后才稳定下来，柏老爷子才知道这儿确实是养老院，明白了人老了是要在这儿度过自己的晚年生活的。

后来有老人逗着问他：“你病好了，咋还不出院？”

柏大爷却幽默地回答：“不走了，要长住在这沙家浜。”

易老爷子是在一次意外事故中不幸把颈椎跌断，全身瘫痪，八十多岁的他，一直由老伴喂吃喂喝，端屎送尿。虽有儿女三四个，但总觉得还是老伴在身边舒心体贴好使唤。住在养老院不用雇保姆，可以节约些费用，也使老伴省得出去买菜回家做饭，让老伴有更多时间伺候自己，两人还可以做个伴，不会孤单。易老爷子虽然人不能动弹，但是大脑灵活，能说会道，通情达理，比一般人都考虑得周到。他的大脑因指挥不动脖子以下的部件，自称脑袋是全身的光杆儿司令，十多口人之家的大小事情少不了他的谋划指示。

再说卫大娘，是半个植物人，她能听懂你说话，能看电视，但四肢不能动弹，光张嘴不发声，这样已经有两个年头了。一年四季躺在床上看电视,虽面无表情,但似乎能看懂电视内容。在养老院里她老伴另外雇了一个保姆帮助照料其生活起居,喂饭洗漱。多亏她老伴八十多岁还能自理,有时保姆要过星期天,他还得顶替两天。

命大爷七十多岁患了脑梗后,路走不好就栽跟头,老伴陪着他十多年,也真不容易。一天命大爷想出房间晒晒太阳,那不大的地方也有十来平方米,只是有五个台阶上不去。他右手拄着拐杖,左胳膊让老伴搀扶着,好不容易用力扶着他上去了。然后老伴去了趟厕所,从厕所出来后就看着别的老人们打起扑克来,忘记命老爷子还在台阶上晒太阳。晒太阳时间长了,老爷子想下去,但是在上边转了好几圈,看着不高的台阶就像个大深沟,怎么也没胆量下去。久等不见老伴来,命大爷就慢慢地跪在地上,先把拐杖出溜下去,用双手扒着台阶,倒退着一个台阶一个台阶地爬着下来,好不容易两脚落地,才拾起拐杖,慢慢站起来。

四对老夫老妻,八个人同病相怜。老两口谁也离不开谁,谁也怕谁先走了,谁也怕丢下自己孤苦伶仃。况且儿女们也都是五十多岁的人,自然是上有老下有小,上下都要照顾到。话说父母的世界很小,只装满了儿女,这话不假;说儿女们的世界很大,却常常忽略了父母,这话就有失偏颇。即使儿女有孝心,可也只有两只手,哪里还有孝的力量?

三十八　好老伴

对老年夫妻，人都称谓老夫老妻、老伴、老两口，但年轻的夫妻都叫作小两口或两口子。老年夫妻双方都称“老伴”，那么啥是老伴呢？感情从爱人上升成亲人，相濡以沫一辈子，争争吵吵一辈子，依然选择不离不弃！吵架了，不会记恨对方；看久了，不会厌烦对方！前面还在争争吵吵，后面却在互相关心；嘴上说离婚，可心里却在牵挂着对方。因牵挂越吵越亲，因爱不离不弃！因心里有你，所以经常吵你；因心里有你，所以经常想你。嘴上嫌你烦，不在又想念；嘴上说你傻，心里却牵挂。吵也好、骂也好、闹也好，真情跑不了，这份情儿女们也比不了，世界上最爱你的人，永远是你的老伴。

人老了，有个老伴好，人怕孤独，雁怕孤飞，孤苦难熬，势单力薄。所以，好事成双、双喜临门，年轻夫妻老来伴，老有老伴便是福，夫妻恩爱乐无边。心情愉快身体好，粗茶淡饭也香甜。老两口只有身体健康才是硬道理，胜过金山和银山。

人常说有什么也不如有个好老伴，没什么也不能没个好晚年。老伴是你一生中最后的存折！妻子是丈夫生命中最后一个观众，丈夫是妻子人生中的最后一名演员。

老婆年轻时，不需要倾国倾城，再好看的女人也有老去的一天；丈夫也不需要腰缠万贯，再富有的家产也有用完的一天。孩子大了,陪你的时间就少了,只有两口子才能陪伴对方到老。

老来伴,老来伴,老了有伴多笑颜。
千般苦,万般苦,为了儿女苦多年。
不舍吃,不舍穿,风风雨雨多艰难。
苦和累,说不完,一生坎坷多艰难。
儿和女,放心间,奔波劳苦病痛缠。
孩子成人把家建,父母年老步蹒跚。
腰背驼,难行走,鼻涕眼泪擦不完。
都说养儿为防老,百行孝字应为先。
儿女围前又围后,看似孝顺忙床前。
久病床前无孝子,伺候久了都嫌烦。
父母付出多少爱,儿女回报能几年。
端屎端尿你嫌脏,咋不想想你当年。
一生为你苦和累,如今无力延残喘。
只叹年老多坎坷,老了难活再几年。
若有一人先离去,剩下那人多孤单。
都把家庭事业顾,年老病痛谁人管。
不用现在装为难,孤独老人撇一边。
不孝到头终有报,早晚轮到你眼前。

抚养后代不易,颐养天年更难。谁都想子孝孙贤安度晚年,可儿女们谁都事务多,工作忙得走不开!树欲静而风不止,子欲养而亲不待。道理谁都懂,但有几人能做到呢?假如爱有长度,子女对父母的爱比起父母对子女来说,相差几许?父母想念子女就像流水一样,一直在流;而子女想念父母就像风吹树叶,风吹一下,就动一下,风不吹就不动。大孝治国、小孝治家,在古人看来:孝、悌、信、礼、义、廉、耻,孝顺始终是排在第一位的。百善孝为先,尽孝要及时!

美国一所大学,在快下课时教授对同学们说:“我和同学们做个游戏,谁愿意配合我一下?”一名女生走上台来,便有了以下一段经典的对话:“请在黑板上写下你难以割舍的20个人的名字。”女生照做了。有她的邻居、朋友、亲人等。

教授说:“请你划掉一个这里面你认为最不重要的人。”女生划掉了一个她邻居的名字。

教授又说:“请你再划掉一个。”女生又划掉一个她的同学。

教授再说:“请你再划掉一个。”女生又划掉一个……

最后,黑板上只剩下了女生的父母、丈夫和孩子。教室里非常安静,同学们静静地看着教授,感觉这似乎不再是个游戏了。教授平静地说:“请再划掉一个。”

女生迟疑着,艰难地做着选择……她举起粉笔,划掉了父母的名字。

“再划掉一个。”身边又传来了教授的声音。

她惊呆了,颤巍巍地举起粉笔慢而坚决地划掉了儿子的名字。紧接着,她哇的一声哭了,样子非常痛苦。教授等她平静了一下,问道:“和你最亲近的人应该是你的父母和孩子,因为父母是养育你的人,孩子是你亲生的,而丈夫是可以重新再寻找的,为什么丈夫反倒是你最难割舍的人呢?”同学们静静地看着她,等待着她的回答。

女生平静而又缓慢地说道:“随着时间的推移,父母会先我而去，孩子们长大成人后肯定也会离我而去，真正陪伴我度过一生的只有我的丈夫，我的另一半。”

水大爷有儿有女，老伴病瘫在床六年，喂吃喂喝，端屎送尿，都是水大爷没明没黑地操劳。早上，为老伴穿戴洗漱，晚上为老伴宽衣解带盖被子。儿女们工作忙没时间，水大爷退休后比上班还要累。照顾老伴需要有耐心、有爱心。

三十九　老小孩

有段文字是这样写的:我老了,我感到幸运。有人少年夭折,有人英年早逝,有人倒在老年的门槛上,没能活到退休。走过完整的人生路,享受上苍赐予的天寿。经寒暑春秋,幸运眷顾了我。我感恩,我知足。

我老了,我感到自由。不再求升迁,不再需职称,抛弃了奢望,减少了欲求,告别职场,卸下了工作。一切行动自己做主,拥有支配时间的自由,来来去去无约束,洒洒脱脱为自己活。

我老了,我感到快乐。没有了少年成长的烦恼,没有了青年求学的艰辛,没有了壮年工作的压力,没有了繁杂人事关系的纷扰。可以登高山看日出,可以临海岸观波涛,可以览名山访大川,可以跳舞飙歌,会友聚餐续旧谊,轻轻松松乐逍遥。

我老了,我感到彻悟。再无少年的懵懂,再无青年的气盛,阅尽世上多少事,体察人间多少情,是非曲直心有悟,不再盲从与迷信,往事如烟随风去,沧桑变幻不觉惊,气定神闲观世象,心静如水不兴波。

我老了,我感到坦然。人生是个自然过程,生自然,老自然,死亦自然。自然过程随自然,心无悲凉坦坦然。

我老了,但我今天仍是我,人生中最年轻的一天。抓住今天,活好当下,活得健康,活得快乐,活出质量,活出精彩,优雅地慢慢老去。

儿女们来看望老人,如买点什么好吃的稀罕物品,老人会乐得合不拢嘴,喜上眉梢。但嘴上还直说:"不要乱花钱,来看看我就好。"有区别的是,小孩儿会急着拿起来放在嘴里就吃,理直气壮从不会跟你说一句客气话,觉得当爸妈的天生就应该给自己买。老人(老孩)是一定要说上几句客套话,不会当着你的面马上就吃。等儿女们走后,他要先向别的老人炫耀一下自己儿女买来的好食物,并分发给其他老人们享用。

"老孩"(老人)穿衣和吃稀罕食物一样有趣。小孩正在生长发育,年年长高长大,所以买得多买得勤,而且花样翻新。"老孩"已经定型,身形基本没有变化,对衣服的要求是花样变化不大又耐穿。

窦大娘的女儿好不容易给窦大娘花二百元买了一条裤子,质量很好,样式时髦,就是价格高点。窦大娘看女儿给买来的裤子真是太漂亮了,便喜出望外地问女儿:"这裤子多少钱买来,真是好啊!"

"不贵,二百元。"

"什么!二百元还不贵,一条裤子二百元还不贵?我不要,不穿,快去退掉。"说着就把裤子给她女儿嗖的一下子扔了过去。看到窦大娘很不高兴更不耐烦的样子,女儿皱起眉头。

"妈!您怎么了?已经买回来了。"

"不穿!不穿!不合身!"窦大娘说完一屁股坐在床上,再不吭气。女儿也不高兴地扭头走了。

女儿拿着裤子回去,她丈夫便问:"怎么了,气呼呼的?"

"给妈买的裤子她嫌贵,不要,让退掉。"

"你说多少钱买的?"

"二百元。"

"什么?你傻呀!说是五十元买的不就行了,你应该像哄小孩一样哄着她。"

对老孩(老人)想多说的是性情和行动。性情即性格脾气,看不到也摸不着;行动指直观动作,举止看得一清二楚。小孩和老孩的“性情”与“行动”有好多相似之处。

比如走路,小孩刚学步时,走起路来摇摇晃晃,学会了,越走越顺;老人走了一辈子路,年纪大了和小孩子走路一样也是摇摇晃晃,但越来越差,一年不如一年,最后用上了拐棍。区别是小孩从不使用拐棍,老孩从此再也离不开拐棍。小孩上楼梯是双手爬着台阶手脚交替一阶一阶地上,老孩是一手把住护栏,双腿慢慢交替上。

再比如说话,小孩学语咿咿呀呀吐字不清,可是一天比一天能说会道;老孩却口齿不清,让人听不懂他们在说什么,而他自己还急得满脸通红,而且是一年比一年要差,只能猜想着他们的心思,揣摩着他们的动作。

还有记忆力问题,出门上街记不住路,回不了家,所以时有丢小孩或老孩失踪的事情发生。小孩天真活泼,幼稚可爱,记不清事是大脑还未发育成熟,但他会一天天成长发育,所以他们好好学习,接受教育,天天向上,知识越来越丰富,脑瓜一天比一天聪明,精神饱满,充满活力;老孩不是脑梗就是脑萎缩,前说后忘,丢三落四;啰啰唆唆和儿女们常发生矛盾,活像个不听话的孩子,拿他一点办法也没有。

四十　得老病

尤大爷在养老院里是一位高寿老人，年龄数他最大，已有九十二岁。他德高望重，身体健康，人缘又好；他生活起居有规律，衣着干净利索，包住的房间总是收拾得整整齐齐、卫生干净。人活在世，总不会不生病，再德高望重也得生病，再干净利索也要生病，有钱无钱都得生病，官大官小也得生病，医生给别人看了一辈子的病，同样也会生病，总而言之，是人就免不了生病。但生老病的人只有老年人，尤大爷就是生的老病，谁也没想到一向身体硬朗的他突然一病不起，说走就走了。

四年前，尤大爷还与赵大爷、王大爷、孔大爷四人一同去皇城相府游玩，但眼下，赵大爷、王大爷两位老朋友先后去世，只有尤大爷和比他小五岁的孔大爷还能自己负责吃喝拉撒，他俩饭后上街上、进公园里转悠，而如今只留下个孔大爷了。人老了，说没就没了。自从尤大爷去世后，孔大爷心灰意冷，有时想起自己的心脏病来，也不知在什么时候就会像尤大爷一样突然间离开这个世界。说起心脏病来，尤大爷在三年前就因心率太慢，医生建议他安起搏器。尤大爷当时已八十八岁高龄，经多方打听咨询后，决定还是吃药好，也能给国家节约医疗费用，他跟儿女们提出要保守治疗。

第二年，尤大爷因感冒住进了县医院，医生检查发现他除心脏病外，还有贫血症，建议转到上级医院治疗。两个儿子又陪同尤大爷去了市里的一家三甲医院，住进血液科，一进去就是好几次抽血化验，随后三天输了两次血；又开始继续检查，骨髓穿刺、做CT、做X胸透、做胃镜、腹部B超等，折腾了一阵子，结果确定是胃癌，医生建议手术治疗。为不加重老父亲的思想压力，兄妹几个商定，不告诉尤大爷他的真实病情，说是感冒加胃黏膜损伤引起了胃出血。因年事已高，选择了保守治疗，儿女们和医生商定用最好的化疗方案来控制恶性肿瘤的发展，以延续老人的生命，减少老人的痛苦，多活一年是一年。此时，春节临近，尤大爷提出，要出院回家过年，随后征得医生同意，办理了出院手续。

尤大爷回到养老院里，孔大爷是第一个关心问候他的人，其他老人也陆陆续续到他房间里问这问那，关心病情。他的儿子回答："好了，病全好了，没事了！"

尤大爷也高兴地说："就是重感冒了，住院输了十五天液。"

"是、是，年龄大啦，小毛病离不了身了。"老人们都这样说。

尤大爷的儿子随声附和："是啊！年老体弱，回家来慢慢养吧！三分治七分养。"

"对、对！好、好！回家里来咱慢慢养吧！天冷，注意可别再复发了。"老婆婆、老爷爷们你进来我出去问候不间断……

春节过后，很快到春暖花开的季节。尤大爷和前两年一样，能吃能睡，和老伙伴们开玩笑说："去了阎王爷那儿一趟，人家不要，白跑了。马克思也不让见，说我学习不够，还得回来好好学习哩！"

从外表看尤大爷不像是个有病的人，每天去逛大街，回来依然把自己的房间打扫得干干净净，物品、家具摆放得整整齐齐，他勤快爱动，把自己房间的花儿都养得鲜艳好看。老爷爷、老太太们在一起高高兴兴的有说有笑，那个快乐劲儿就甭提了。尤大爷的儿孙们在外地工作或学习也都可以把心放在肚子里了。

一年过去了，尤大爷不如以前爱逛街了，上街的时间明显缩短，一回到养老院就常坐在椅子上耷拉着脑袋，长时间静坐也不起来站一站。有时会晒一会儿太阳，有时回房间躺在床上睡会儿觉，吃得也越来越少。这状况他也没有告诉自己的儿孙们，倒是在儿孙们来看望他时，有位章大爷在背地里告诉了他儿子说："你爸爸老毛病犯了，是老病。"

儿子关心地问尤大爷道："您是不是又觉得难受了？"

"没有啊！谁说的？没病，没什么，没感觉，好好的不疼不痒，只是懒得动。"尤大爷给儿子是这么说，给孙子们也是这么说，对谁都这么说。

在同一个桌上吃饭的章大爷和其他老人都说以前尤大爷饭量还可以，没人能吃得过他，可最近几个月里，他吃一点点就放下筷子，看来这老病真的是又来了。

寒冬腊月的一天下午，尤大爷双腿突然间不能站立，跪在地上起不来，孔大爷正好发现，马上告诉养老院里的工作人员，很快，通知居住较近的儿子来，急送医院救治。医生考虑病情后又让去上级医院治疗，并推辞："尤大爷是离休老干部，治不好我们负不起责任，还是到上级医院治疗为好。"

"治好治不好，咱不必担心。主要他不思饮食，目的是想给他增加营养，能熬过这个冬天就好。九十三岁的人啦，再去百里外的上级医院，病人也受不了。"他儿子说。

在尤大爷儿子的一再请求下，医生才勉强接收治疗。躺在床上的尤大爷已经是大小便失禁，由四个儿子和一个女儿轮流值班护理。经过十多天输液，在离春节还有十多天时，尤大爷病情好转，双腿能站立，能慢慢走路，随即办理了出院手续回到养老院准备过年。

春节期间大团圆，一大家三十几口人欢聚一堂，儿孙磕头拜年，尤大爷亲手发给孙子、重孙和玄孙们压岁钱，他头脑清醒，喜笑颜开，儿孙欢聚一堂，过了一个热热闹闹的新春佳节。

春节期间，亲戚你来我往，都看他精神不错，就说："您老真有福气，能活百岁没问题。"养老院的老人也都这么说。

每当此时尤大爷就会乐呵呵地说："全凭共产党领导得好，社会好，才治好我的病，不然早走了，能活多大算多大吧！生死不由人。"

春节过后，尤大爷虽还是坚持自己饭后百步走的习惯，但时间很短，不到十分钟就回房间躺在床上休息。好在，尤大爷在养老院里一直有一个儿子和一个女儿轮换陪伴。

在五一节后的一天夜里，尤大爷平静安详地睡着后就再也没有醒来，永远地离开了这个世界，离开了他的老朋友，离开了他的子孙们。

四十一　老父亲

写父亲、唱父亲、称赞父亲的文章和歌曲比起思念母亲来并不算多。但著名作家朱自清所写的一篇散文《背影》却很感人，家喻户晓。养老院里的云老头儿说，我们那一代在上小学时就从语文课本上读过，老师给讲解得很生动。文章是专门写朱自清的父亲，文章感人，让人难以忘怀。朱自清对他父亲的爱，对父亲的怀念和感激，都在具体的叙述和描写中表现出来。在中国父母的眼里，孩子永远是孩子，几十岁的人了仍然还是孩子。朱自清已经20岁了，他的父亲还是要亲自去送行，只因放心不下自己的儿子。在《背影》中他这样写他的父亲："哪知老境却如此颓唐！他触目伤怀，自然情不能自已。情郁于中，自然要发之于外；家庭琐屑便往往触他之怒。他待我渐渐不同往日。但最近两年的不见，他终于忘却我的不好，只是惦记着我，……我北来后，他写了一封信给我，信中说道：'我身体平安，惟膀子疼痛厉害，举箸提笔，诸多不便，大约大去之期不远矣。'我读到此处，在晶莹的泪光中，又看见那肥胖的、青布棉袍黑布马褂的背影。唉！我不知何时再能与他相见！"

这真是个孝顺的儿子。当父亲的不容易，做儿子也难啊！父爱如山，子善祸少，平安孝顺。想想父亲您的背影，感受了坚忍，摸到了艰辛。听听您的叮嘱接过了自信，看到了爱心。您上有老下有小捧过爱心，再苦再累您脸上也挂着温馨。我的老父亲，我最疼爱的人，这辈子做您的儿女我没有做够，央求您下辈子还做我的父亲。

总是向你索取,却不曾说谢谢你,
直到长大以后,才懂得你不容易。
每次离开总是装作轻松的样子,
微笑着说回去吧,转身泪湿眼底。
多想和从前一样,牵你温暖手掌,
可是你不在我身旁,托清风捎去安康。
时光时光慢些吧,不要再让你变老了,
我愿用我一切换你岁月长留。
我是你的骄傲吗,还在为我而担心吗?
你牵挂的孩子啊!长大啦!
时光时光慢些吧,不要再让你变老了,
我愿用我一生为你祝福平安。
一生要强的爸爸,我能为你做些什么,
微不足道的关心收下吧!感谢一路上有你。

这是一首唱给父亲的歌。香港电台知名主持人梁继璋写给儿子的一封信,也流传很广:

我儿,写这个备忘录给你,基于三个原则:

(一)人生福祸无常,谁也不知可以活多久,有些事还是早一点说好。

(二)我是你的父亲,我不跟你说,没有人会给你说。

(三)这个备忘录记载的,都是我经过惨痛失败得来的体验,可以为你的成长少走冤枉路。

以下便是你在人生中要好好记住的事:

（一）对你不好的人，你不要太介意。在你一生中，没有人有义务要对你好，除了我和你妈。对你好的人，你一定要珍惜、感恩。

（二）没有人是不可代替的，没有东西是必须拥有的。看透了这一点，将来就算你失去了世间最爱的一切时，也应该明白，这并不是什么大不了的事。

（三）生命是短暂的，今天或许还在浪费着生命，明天就会发觉生命已远离你。因此，愈早珍惜生命，你享受的日子也会愈多。与其盼望长寿，倒不如早点享受。

（四）爱情只是一种感觉，而这感觉会随时间、心境而改变。如果你所谓的最爱离开你，请你耐心地等待一下，让时间慢慢淡化。不要过分憧憬爱情的美，不要过分夸大失恋的悲。

（五）虽然很多有成就的人没有受过太多的教育，但并不等于不用功读书，也可以成功。你学到的知识，就是你拥有的武器。人可以白手起家，但不可以手无寸铁，谨记！

（六）我不会要求你供养我下半辈子，同样地我也不会供养你的下半辈子。当你长大到可以独立的时候，我的责任已经完结。今后无论你坐巴士还是奔驰，吃鱼翅还是粉丝，都要自己负责。

（七）你可以要求自己守信，但无法要求别人也守信；你可以要求自己对他人好，但不能期待人家也对你好；你怎样待人，并不代表人家就会怎样待你，如果你看不透这一点，只会给你增添不必要的烦恼。

（八）我买了 26 年的六合彩，还是一穷二白，连三等奖也没有中过，这就证明人要发达，还是要努力工作才可以，世界上并没有免费的午餐。

（九）亲人只有一次的缘分，无论这辈子我和你会相处多久，你一定要珍惜共聚的时光，下辈子，无论我们爱与不爱，都不会再相见。

这封信字数不多，却蕴含着父辈对人生的感悟，对儿女无限的爱，非常感人！

在养老院负责人赵老头儿的记忆中，就没见过爷爷、奶奶，也没有见过姥爷和姥姥。赵老头儿从小印象最深的也是他的爸爸，总觉得爸爸很有本事。艰苦奋斗，努力工作，勤俭节约，心灵手巧，力大无穷，白手起家。那时候他有兄妹五个，他的父亲就是全家的顶梁柱，敢于担当，对每个孩子都严格要求。赵老头儿曾经也挨过揍，因为小时候他很喜欢游泳，这是因为父亲担心他出事。养活一大家子，母亲要去生产队里上工干活挣工分。下工回来做饭洗衣，里里外外一把手。那时候连个洗衣机都没有，全用手洗，费时费力。赵老头儿说他小时候懒得洗衣服，曾异想天开地说要是有个洗衣机那有多好，当说出这句话时，还被妈妈给狠狠数落了一通："做梦吧你就，快懒死了！活成个人了，还怕动动，天上快给你掉下馅饼了，你就仰起头，张开嘴等着吃吧！"

赵老头儿一直没有忘记爸爸在缺衣少食的那个年代，把最好吃的从外地带回家里，给他们吃。过春节时，每年都要买上花布，让妈妈给他们缝好。

四十二　老母亲

大多数人都读过有关赞美母亲的文章。唐朝诗人孟郊，曾写过一首有关母爱的诗《游子吟》：

慈母手中线，游子身上衣。
临行密密缝，意恐迟迟归。
谁言寸草心，报得三春晖。

母爱是无私的、伟大的。所以赞美母亲的文章有很多，颂扬妈妈的歌曲也层出不穷。

七十岁的苏大爷跟养老院里的服务员聊天时，讲了一个三十年前的故事，说是在他们村里有个叫狗孩的人，把他的亲妈给活活饿死了。

狗孩把他妈关在一个像猪圈一样的地方，每天送饭，有时想起来送一碗，有时忘记了，他妈就只能挨饿了。他妈饥饿难忍时就喊叫起来，惊动了邻居，邻居便去提醒狗孩，好心邻居不但没讨好，还落下个管闲事的话柄。天长日久，街坊邻居们看狗孩妈十分可怜，干脆直接给她送点饭，省得落埋怨。为什么会这样呢？狗孩对他妈其实并没有多大怨恨，只因母亲相貌有些丑陋，家务活也不怎么会做罢了，老伴在世还好，老伴一走撇下她一人孤苦伶仃没人管。狗孩妈一辈子就宠养娇惯着狗孩这个宝贝儿子，儿子成家后，她自己却老了，相貌更丑陋了，家务活也干不了了，就落了个这样的下场。

狗孩的媳妇从来就没有把婆婆当人看待，狗孩一开始倒也知道心疼他妈，背地里会偷偷给他妈送点吃的，可无奈媳妇看管得严，只好有一顿没一顿地送饭。时日一长，狗孩妈饿得皮包骨头，最后不知是饿死的还是因为病死的。亲戚朋友在处理后事，问起狗孩妈去世的原因时，感觉情况不对；也有街坊邻居作证说是被小两口饿死的。随后狗孩夫妻俩便被亲戚们告上了法庭，因狗孩夫妻有两个年幼的孩子，责任便全由狗孩一人承担起来，被判刑入狱。狗孩媳妇再没脸见人，带着两个孩子离开了村子。

从此以后，村上的人就再也没有看到过狗孩一家。

养老院服务员给苏大爷听了一首歌，听得苏大爷直掉眼泪：

年轻人，你听我说，听我和你说句知心话。

家中只有一个老妈妈，有时间要回家看看她。

天下所有的老妈妈，把你们儿女们个个抚养大，

单等儿呀、女呀长大有了自己的家，熬磨得妈妈白了发。

这个人就是咱们的妈，天下的妈妈们最伟大。

一辈子只有一个妈，儿呀、女呀记住她，都要孝敬她。

等到妈妈离开人世了，再想孝敬也没有了妈。

你们现住的是高楼大厦，千万别忘了受苦受罪的妈。

儿呀、女呀开着那小车潇潇洒洒，想没想过妈妈吃了啥？

儿一家家、女一家家乐哈哈，到了老来孤单寂寞，

多想儿女能回家说说知心话，但孩子们忙的是谁也顾不上。

想妈最多打上个电话，谁也顾不得回家陪陪老妈妈，哪知妈妈

就想和儿女说说掏心掏肺的话。

儿女们有了自己的家，工作忙得谁也顾不上，哪知老妈妈孤孤单单寂寞无聊，多想儿女们能常常回家。

一辈辈就有一个妈，儿呀、女呀，多孝敬孝敬咱爹妈。

据说有一位母亲给四个儿子的遗书是这样写的：

儿子们：

今年五月初五，我过了八十岁生日，也就是说，我活了整整八十个年头了。这么长的岁月里，我生了你们四个，又帮你们带大八个孩子，亲手抚养儿孙十二个。

但是，我老了，老到要看你们的脸色生活。尤其几年前，你父亲去世后，我明显感觉到你们对我的不耐烦，一日多过一日。

你们父亲刚去世那会儿，我真心希望你们能把我接到自己家，我想和你们一起生活，哪个都行。为此，我盼了两个月。两个月后，我心凉了，我知道，不会有谁肯接我去你们家。

好在那时候你们对我也算可以，四个人轮班，每人一个星期，这样每天晚上，我就不害怕了。说心里话，到了我这个年纪，活到我这个份儿上，还有什么好可怕的呢？

虽然从小在乡下长大，在各种恐怖传说和故事中长大，但到了此刻，我不再相信那些，也不再害怕了，我怕的不过是寂寞。

我的儿子们，你们陪伴我度过了一年零九个月，也就是六百三十天。作为母亲，我心存感激，感激你们对我的陪伴。

之后，你们每一个人的脸色都越来越难看。来了，对我没有一句话，走了，依然没有一句话，仿佛你们进的是旅店，而里面那个眼巴巴看着你们的老太太,跟你们没有半点关系。

我怕得罪你们任何一个人,虽然我不吃你们一口饭,不穿你们一件衣,甚至不花你们一分钱,但是你们陪伴了我,那就是亏欠了你们。

即使我变得小心翼翼,但你们还是一个一个悄无声息地撤出了我的夜晚,没有人再来了,把寂寞不容分说还给了我。

那也好,毕竟你们父亲去世后,你们陪伴了我一年零九个月,对此,我感激不尽。剩下的日子,我自己走。艰难前行了两年多,我过了八十岁生日,你们对我祝福"长命百岁!"我笑,苦笑,活到这个年纪可以了,"长命百岁"没用。这段日子,我的心脏越来越难受,我没有说出来,也不知道对谁说。

我希望疾病能快点把我带走,那样我将感激命运对我的厚待。几天前的夜里,我梦见了你们的父亲,他笑着,看着我说,走吧,我来接你了,跟我走,你再也不会寂寞。

醒来,窗外群星璀璨,月亮又圆又大,这个美好的夜里,我梦见了你们父亲,梦见他来接我。我感激他这一辈子的爱护,也感激你们一年多来的陪伴。

我的心脏一日比一日难受,我明白大限就要到来,于是写了这封信,母子一场的缘分,总算到头了。

我满头白发了,让我用我的满头白发发誓:我真的很感激你们的陪伴照顾,但除了这句,我还有一句要说的是:我后悔生了你们,如果有来生,也不再想见了。

但我是母亲,我恶毒不起来,我还是希望你们四个的晚年都能幸福,不会被你们那八个孩子嫌弃。尽情了,言尽了,就此打住吧。

几天后，老人很安详地走了，手里拿着她和丈夫唯一的一张相片，上面只有他们夫妻两个人。

之所以把这样一篇文章摘出来，是希望儿女们都能在父母风烛残年的时候，多一些陪伴，少一些嫌弃。

四十三　好侄儿

葛大爷快七十岁了,住养老院有一年多了。他一辈子没娶过老婆,当然也就没儿没女,光棍一个,年轻时只图自在潇洒,在农村更是快活,一人吃饱,全家不饥。可到如今近七十岁的他,老了,就大不一样了,孤苦伶仃、无依无靠。幸好党和国家对无法定赡养人、无救济来源、无劳动能力的六十岁以上老人有保吃、保穿、保住、保医、保葬的五保供养制度。这样的五保户,敬老院就成了他落脚度过余生的地方。

那么后来葛大爷为什么又住进养老院了呢?这养老院与敬老院虽一字之差,也都是养老的机构,但办院经费来源却不同,敬老院由集体共有资金来承担,不足由国家兜底,五保老人免费入住;养老院属社会公益性行业,虽然不追逐盈利,但它是有偿服务的养老机构,自主经营,自负盈亏,老人入住所有费用由个人承担。养老院无论是硬件设施还是伙食标准、服务质量都要比敬老院好,这也是葛大爷不愿去敬老院而住养老院的原因。那么养老院的费用高,又由谁来出呢?这主要是葛大爷造化好,有个孝顺的好侄儿。

在敬老院已经住了多年的葛大爷,他侄儿每年都要去看望几次,侄儿感觉敬老院不是太适合他的叔父,便提出让他去住养老院。其实葛大爷早有这个心思,只是住养老院要自交费用,他没钱住不起。

“有钱,村里的土地修高速公路给占用了,国家给您有补偿款,咱每年拿出一点，还有咱不住敬老院，国家会把五保供养费发给您，有这两样钱就放心住吧！”

“还是给你留下些吧！”

“还给我留什么，只要您过好了，我就心满意足了，我还年轻，没钱还可以继续出去打工，您老了，钱也挣不了了。让你先花钱住着，万一不够，咱再想办法。”

有个这样的好侄儿真比有个不孝顺的儿子强，葛大爷还真有老福。葛大爷一辈子大手大脚，游手好闲，只知花钱，不知攒钱，老婆都不娶，多亏命好，他的承包地恰恰被修高速公路占用了，公家给了一笔他两辈子也挣不来的补偿款。经侄儿一提醒，他便有了住养老院的底气，钱够不够就看自己寿命长短了。不过他也不用担心，那两项钱住养老院绰绰有余。葛大爷的钱都交由侄儿保管，零花、看病买药时，开口向他侄儿要。要钱干什么，他侄儿都要问清楚，目的就是要看好他这位叔叔的钱。如胡乱花钱，他绝对不答应，也坚决不给，这都是为葛大爷好。

住养老院的葛大爷，和农村老人们比起来还是幸福的，甚至也不亚于有儿有女的老人。有儿有女的老人，还得在农村老家照看孙子辈，帮做家务活，因儿女多在外打工挣钱，还得下地干活，所以在农村的老人过得也并不轻松。葛大爷虽然光棍一个，但有这个好侄儿，住进养老院吃喝无忧，也算是老有小福了。

四十四　外甥女

奚大爷没有女儿,只有两个儿子。八十岁的他,住养老院的费用全由他外甥女承担。因奚大爷一辈子生活在农村,老伴去世后,虽说与两个儿子一块儿生活,但是儿子们常在外打工,实际上奚大爷就成了农村的空巢老人。八十多岁了,还得独自烧饭吃,一个人的饭不好做,做多了吃不了,做少了不够吃,奚大爷饥一顿饱一顿,热一顿冷一顿,生活过得很是敷衍。

奚大爷的外甥女在大城市工作,每月收入约 7000 元。若住小县城的养老院,每月每位老人全部费用也就 700 来元,只需拿出工资的十分之一就可以让这位空巢耄耋老人有个安逸的晚年。他这个外甥女动了心思,想把舅舅送养老院去。

那奚大爷的两个儿子为什么就不承担父亲的养老费用呢?不是不想承担,而是没能力,承担不起。两个儿子两家人,上养老下养小,仅种地卖粮的几个钱根本不够日常开销,谁也无能力承担也不想负担这应尽的责任。两个儿子推来推去,都想外出打工挣点钱,因农闲期间长,农活时间短,在农村挣不到钱,谁也不想在家里伺候老人。为这事儿兄弟俩总有分歧。

老大说:“我先出去,你在家照料老爸。”

老二说:“大让小,你就先在家待一段时间,我先出去打几个月工回来,你再出去,不也一样吗?我看你家里地多事多,你先处理处理吧!”

老爸心疼俩儿子都困难，但也没好办法，只好无奈地说："你们都出去吧！我一个人在家还行，饿不死。"

然后两个儿子就都外出打工去了。

奚大爷独自在家里生活两个月后，外甥女回来看望他。看着舅舅那张饱经风霜、满脸皱纹的老脸，再看看锅里的剩菜剩饭，不由潸然泪下。想起小时候的困苦生活，那时还全靠舅舅扶持，靠他出力帮干农活，接济支撑着他们。上学读书、参加工作、成家立业，都没有少受舅舅的帮助。没有过去的舅舅，就没有今天的她，她不能不管不顾不闻不问。但她没有过分责怪两个只顾自己小家庭、不管舅舅生活的困难表兄弟，而是及时作出决定，把舅舅送进养老院。

第二天，外甥女用车将奚大爷的行李、随身衣被等都带上，送进了县城的养老院。院长赵老头儿问奚大爷："这是你女儿吧？"

"不是。我没女儿，这是我外甥女。"奚大爷说。

"哦！好、好！"赵老头儿连声称赞，心想这样的外甥女，这么多年还是第一次碰见——难得啊！然后外甥女领着舅舅去登记室，签了协议，交费办理完所有入住手续，又上上下下把房间床铺给他整理了一番。她对舅舅千叮咛万嘱咐，离开时，外甥女又特意恳求赵老头儿："麻烦你们，请多多关照我舅舅，一辈子农村人，没见过什么世面。有事可直接和我联系。谢谢了！"

"好的，好的！这是我们的职责，你就放心吧！"赵老头儿满口应承。

多么好的一个外甥女，就是亲生女儿也不过如此。

四十五　找老伴

在养老院里,吃饭餐桌前有伴,想逛街有人陪伴,拉家长里短不愁有人唠嗑,比在家里热闹多了。这就是老人愿住养老院的原因。

人老最怕孤独寂寞。你想儿女们事多工作忙,又都不住在一起,时常不在身边,特别是晚上,老人生了病怎么办?连个通风报信、端水喂药、跑腿伺候的人也没有,这就是老人都想找个老伴的理由。但想找老伴很难,老伴是原配,共同在一起生活了几十年了。有人说东西是新的好,人却是旧的好。所以老伴之间感情很深,相处得很近很亲。

范大爷老伴去世十几年了,近八十岁的他身体一年不如一年,他是离休老干部,每月能领养老金六千多元。找老伴多年,仍没有个合适人选。一是钱的问题,没钱愁,钱多了也愁;二是合适不合适的问题,双方相处不理解;三是儿女不满意,过不了他们这一关。

年轻夫妻老来伴,家有老伴第一宝,白头到老贴心袄。粗茶淡饭不嫌弃,呼唤一声立马到,知冷知热相关照。

范大爷在院长赵老头儿和热心的岳大娘的撮合下,在县城和一位摆地摊的任大娘相识了。经双方见面,有共同语言和志趣,还真是一见钟情,相见恨晚,任大娘真心愿意和范大爷一起生活。可好事多磨,双方子女却极力不同意,一起反对。范大爷犯了愁,就在这山重水复疑无路的情况下,养老院的老哥老弟们给范大爷出了个主意:“咱就说是要给你找个保姆不就得了,子女还能拦着吗?”范大爷一听,高兴地说:“看来咱这事真的是柳暗花明又一村了。大家就等着吃喜糖吧!”院里的“事务长”史大嫂张罗着找到双方的子女们协商沟通,最后又帮忙给范大爷签了个人住养老院的补充协议书:

因我年老体弱,生活难以自理,需雇用保姆一位。现经与我儿女们共同协商,约定任芝云,女,七十七岁,来养老院照料我生活起居。我对保姆任芝云包吃、包住,再另支付护理费每月五百元,于每月交住宿费时一并付清。

协议人签字:范盛茂　　养老院负责人:刘凯

儿女代表:范志立　受雇人:任芝云　代笔人(事务长):史先英

名义上是雇保姆,实际上是找了个老伴。不但开工资还包吃包住包费用。其实范大爷还完全能自理,比他小五岁的任大娘身体健康,这样双方就成了老伴侣。从此以后,任大娘再也不用在县城的大街上风里来雨里去地摆地摊做小买卖了。

四十六　老姐妹

卫大娘与李大娘在养老院里住了已有五年多,两个人各包房间单住,虽不住在一个房间,却相好如亲姐妹。在一起无话不说,无事不谈,说起来没完没了,坐下一聊就是半天。

卫大娘八十六岁,李大娘八十八岁,也都是高寿老人了,而且都身板硬朗、手脚灵活、干净利索、精神饱满、矍铄活泼、待人热情。

有这样的知心姐妹,胜过老来伴。两个人房间紧挨着,但要是让她俩住在一个房间,却不会答应你,为什么?谁也说不清楚。有一次,八十岁的郎大娘因生活琐事与同房间一个大娘闹矛盾吵闹,找院长要求调换房间或分开房间各住。在调换房间时,首先想到的是卫大娘和李大娘能不能合住到一起,这样可以腾出个房间。结果两个谁都不答应,没办法院长赵老头儿只好亲自出马协调,他先找到卫大娘说:“都说您和李大娘很合得来,是老姐妹,你俩住在一个房间不是更好吗?”

卫大娘回答:“那可不行,这样就已经很好了,要是住一起怕是就合不来了。”

“为什么?”

“我也说不清楚,这不在一起住,都觉得无话不说,亲得很,好着哪!要是住一起,没准还真合不来,到那时可就不好看了。人就这么怪,我这一辈子也不知是怎么回事,与人共事,离不开,合不来。”

赵老头儿没话说了,心想这只能叫普通朋友,不能成为知心朋友和志同道合的人。

他又去找到李大娘说:"给您调换一下房间吧!"

"我? 让我去哪个房间?"

"调换到隔壁卫大娘房间,怎么样?"

"就在这儿吧! 老了,哪也不去,懒得动了。"

"卫大娘不是很好吗?"

"好也不挪了,哪儿都一样,这儿不是很好吗? 去一个房间不一定比现在好。为啥也不知道,你到我这个年龄就明白了。"赵老头儿转身走出李大娘房间,心里想:嘿! 还真都是一个想法,一个理由,这可真怪了!

赵老头儿一时傻眼了,没办法,但又没有其他合适的房间可调换,只能让闹矛盾的郎大娘等着,消消气,慢慢缓解,这事也就过去了。人与人相处也都是这样,几天好几天坏,两口子也是这样,双方好起来不得了,生起气来成仇人。

根据养老院多年来的管理经验,赵老头儿觉得工作难的不是吃喝拉撒,而是老人之间生气、闹别扭。尤其是老婆婆们,老爷子们相对来说要好很多。俗话说是非皆为多开口,老婆婆们爱唠叨,话多了,事就惹出来了。相好的要闹起矛盾和别扭来,比不相好的结果更深、更坏、更糟糕,甚至会因此离开养老院,永不见面,老死不相往来。

常言道:"人之所以幸福是心态好,人之所以快乐是不计较,人之所以知足是不攀比,人之所以感动是有真情,人之所以宽容是有心胸。"朋友有酒肉朋友,有患难朋友。酒肉朋友,有酒有肉是好朋友,没酒没肉就不算朋友了;患难朋友就不一样了,他们同生死、共患难,同舟共济,有难同当,同甘共苦,心心相印。但要有个知心朋友并非易事,正所谓知音难觅人老了,相见一天是一天,相遇一次是一次,要珍惜。

四十七　婆媳俩

七十岁的鲁大娘住进养老院里已有两个月了。初来乍到时她话语不多，两眼发愣，神情恍惚，表情呆滞。鲁大娘虽说话不多，但说起话来指手画脚不停地比画，她为人随缘谦让，在养老院里，总有人爱替她打抱不平。

鲁大娘有一男两女，女儿对她特好，常来看望，不到两个月就来了十多次。鲁大娘为给儿女们节省钱，住了一个月的标准间后，便执意要换到普通间，普通间与标准间差价有200元。

因鲁大娘来养老院的时间还不长，院长赵老头儿对她的儿女们也不太熟识。一天上午，赵老头儿碰到一个抱着孩子的三十多岁的女子在走廊里走来转去，赵老头儿以为是在找人，便问："你找谁?"

"我不是找人，是看看这普通间和标准间有什么不同。"

"噢，怎么了?"赵老头问。

"不怎么，是前几天206房间的人怎么就换到405房间了?"

赵老头儿："你是她女儿吧?"

那女子回答："不是，是她儿媳妇。"

"是儿媳妇啊！我给你说，她非要调换，就只能随她了。"

媳妇说："真没办法，她上四楼有困难，二楼标准间带有卫生间，很方便，多好，就是不听话。"

赵老头儿说："这人老了，还是想给子女都省点钱，不给你们添负担。我还以为你是她女儿，原来是她儿媳妇。对婆婆这么好，还真不多见。”

“你是不知道，我婆婆身体不太好，我怕她为省俩钱再给跌伤就不好了。去医院花钱不说，人还得受罪。”

赵老头儿私下想：这多好的媳妇，在养老院里70多位老人中，这样的婆媳关系还真不多。要不鲁大娘也不会把儿媳妇当成女儿！

下午，赵老头儿去鲁大娘房间问：“上午你女儿还是你儿媳妇来说我们不应该给你调换房间。”

“那是我女儿吧！她管不了我，我是花我自己的钱，省下钱也是我自己的。我想住哪个房间是我自己的事，她们管不了我的事情。”

赵老头儿：“她说是你儿媳妇，不是女儿啊！”

鲁大娘对赵老头儿说：“不可能，应该是女儿不是儿媳妇吧！她说是儿媳妇就儿媳妇吧。上午我去街上转了一圈，反正没见着。”

然后对赵老头儿又说：“我那儿媳妇表面上会说话，实际上好不到哪里。”

赵老头儿笑了笑说：“我看人家可是真心对你好，对你亲着哩，你就知足吧！”

“好，好，你说她好就好吧！我反正也老糊涂了，也分不清谁好谁坏，好坏都是这个样子。”

婆媳关系是老年人遇到的老大难问题，要相处好还真不是件容易的事情。所以婆婆和儿媳妇吵架骂嘴时有发生，闹不好儿子在中间成了钻进了风箱里的老鼠——两头受气。都说这街坊邻居和不和气得看女人，家庭和睦看媳妇，两者都离不开女人，女人是半边天。有个好儿媳要比有个好儿子强，婆媳关系对一个家庭来说实在是太重要了。

四十八　找个伴

养老院里有个住了三年多的彭大爷，还有一个刚住了一年的牛大娘，两人都是老年丧偶。彭大爷的老伴去世五年多；牛大娘八十岁了，老伴离开人世已有十个年头。丧偶后不乏老人追求过牛大娘，可总是因各种原因没走到一起。没想到在养老院里碰到了彭大爷，两位老人常在一起，有说不完的话，比一个人快乐多了。

彭大爷是一位政府机关的退休老干部，七十有六，比牛大娘小四岁，一来二往便和牛大娘擦出了爱情的火花，也算是情投意合，拿现在时兴的话来讲就是姐弟黄昏恋吧。尽管双方的儿女们合起来有七个，但只有牛大娘的一个女儿持反对意见。理由是年龄不合适，女大男小，怕过不好不长久。但婚姻法没有规定男小女大不能结婚，其他六个孩子都同意，这个女儿只能保留自己的意见。在经济上，两人都是退休干部，谁也不差钱，实行 AA 制，各花各自的钱没什么问题。要是谁生病了也只能起个给孩子们通风报信的作用，都老了谁也照应不了谁，由各自的儿女接回去伺候照料。去世以后各回各家，和原来的老伴合葬，各就各位，这样对结发无愧，也合了孩子们的心愿。

两位老人从两间宿舍搬到一个房间合住，也就算圆房了。毕竟实现了他俩相爱的愿望，也算是喜结良缘。彭大爷为此买了些喜糖，在餐厅开饭时，趁老人都聚在一起，分发给大家，大家闹哄哄地为他俩高兴。

但也引来个别老人的嫉妒，尤其是申大娘，把脖子扭向一边看也没看一眼。彭大爷刚住进养老院时，申大娘一见面便对彭大爷有了好感。之后，没话找话向彭大爷问这问那，又说又笑频频示好。可是彭大爷就是一点意思也没有。申大娘比彭大爷小八岁，在旁人看来是很般配的。感情是很奇怪的事，两人若有真爱在，就不说年龄大小，不看外表美丑，不论有钱没钱，不谈条件好坏，这就是感情，你说不清道不明。其实婚姻也就这么真实，有个调侃婚姻的段子讲："男人爱美人，但不一定会娶她，到最后，男人会娶的都是适合做老婆的人；女人虽然爱钱，但不一定会嫁富人，到最后，女人嫁的都是对她好的人。所以，做人到最后，拼的不是富和美，而是责任和人品。其实，心地善良的女人最美丽，有责任感的男人最富有。"

年轻夫妻，老来伴。那是携手一路走来的伴，不离不弃的伴。碰个伴是以碰运气为主，碰对了，算你有福气，相互相爱有欢愉。

四十九　耳朵聋

养老院里住着70多位老人，耳背耳聋的要占到三分之一，耳背比耳聋要好很多，只要高声喊、大声说，他也能和你来几句，虽然有时驴唇不对马嘴，但还能马马虎虎地交流。要是耳聋到一定程度，用再高的声音，他也不知你在说什么，就是提着他耳朵，对着他耳朵再喊也白搭，只能比画着来。

冬天的一个早晨，吃早饭时，钱大娘在餐桌前问八十岁的韦大爷："你老婆哪儿去了，没来吃早饭？"

"你说暖和不暖和？暖和。家里不冷，一点不冷。"韦大爷回答后，逗得围在餐桌一圈的老人都哈哈大笑起来。

李老头儿站起来对着韦大爷耳朵吼："问你老婆哪儿去了。你说暖和不暖和。"

韦大爷听罢也笑了，说："哦，你问我老婆啊，她一会儿就来了。我听成是暖和不暖和了。"真是聋人难答话，答话就打岔。

吃饭期间，钱大娘又问李老头儿："听说县城里要建个古城，动工了？"韦大爷接过话问："老彭中风了？是啥时候的事儿？住院了吗？"哈哈哈哈……又把饭桌上的老人全逗乐了。

午饭时，韦大爷会去厨房亲手捞面条，他觉得锅里的更软和些。炊事员们忙着开饭，嫌他碍事。院长赵老头儿知道他耳聋，对着他耳朵大声说："面条给你端在餐桌上了，您去餐桌上捞吧！"

他却固执地回答："你说什么？让我去楼上吃面条，就在下边吃吧，下边方便，不用上楼了，我腿脚不方便，走不动了。”

院长赵老头儿拿他也没办法，因耳聋，再说什么都不顶事，只好由着他的性子，爱怎么着就怎么着吧！

聋人的精神状态往往不是很好，由于与有声世界失去缘分，难以与人交流情感，从此人际关系淡漠，因而精神容易委靡不振，进而出现孤僻、古怪、固执的症状，这是老年人听觉系统衰老不可逆转的通症。

韦老爷子有一次与院长赵老头儿讲他在抗日战争时期的亲身经历。他讲得有声有色，赵老头儿六十多岁，没经历过，当然很好奇，听得也很认真。韦大爷快九十岁了，耳朵什么也听不见，但他以为别人也听不见。和赵老头儿说话的时候，距离非常近，赵老头儿就边听边退，韦大爷就边讲边进。眼看着赵老头儿退到墙根，无法向后再退，就韦大爷说一句话他退一步地挪着转起了圈子，韦老爷子给赵老头儿讲了十几分钟，两个人就在方圆不足两米的地方转了三圈。

五十　眼昏花

《饮中八仙歌》中写道："知章骑马似乘船，眼花落井水底眼。"《西游记》第五十九回："我老汉一时眼花，不识尊颜。"《红楼梦》第二十六回："太爷一时眼花了，也未可知。"鲁迅《且介亭杂文门外谈》："写起来会混杂，看起来眼花。"

人到老头昏眼花是正常自然规律，有谁能七老八十还眼观六路，耳听八方呢？没有。养老院的老人们运气好，一次，有一家眼科医院前来献爱心，给老人们进行义诊活动。

还是在初冬时期，再过半个月即是冬至节。这天上午，在一个大会议室里，赵老头儿把全体老人预先召集起来，最大的九十岁，最小的六十六岁。当天上午七十多位老人中检查了五十几位。经视力表检测和仪器检查结果显示，这五十几位老人全部患有白内障，这可能与年龄有关。随着年龄的增长，眼睛晶状体会变得混浊老化，老年性白内障是最常见的。这些患有白内障的老人，排除患有高血压、糖尿病的，还有处于发病初期，暂不能够或不需要做手术的，只有二十个可以手术治疗。后来去做手术的只有三个，最后只有昌大爷一个做了手术。这二十个需做手术的老人，为什么最后只做了一个呢？

第一是儿女关。给孩儿们说了做手术的事，没答应、不批准，老人无法，自己有钱也白搭，这是最重要也是最关键的一关。这一关要过去，其他一路绿灯全好走。张大爷、卫大娘、李大娘、冯老汉、王大爷、韩老头儿等老人的儿女多数说法是，多大年龄了，还动手术，万一什么也看不见了，怎么办，说什么都来不及了。儿女们是不懂科学还是不相信科学？其实都不是，找客观理由推托才是真的。也有个别儿女放出狠话说："你这么老了，又不绣花，也不做针线啥细活儿，能看电视、能走路，自理了自己就可以了，还做什么手术，就别去了。"

王大爷曾经给院长赵老头儿说："眼是人身上最重要的器官之一，我要是有一天什么也看不见了，那该有多痛苦啊！"眼睛就像一个城市黑夜里的光一样，要没光了什么都看不见，那可怎么生活呀！

第二是心理障碍关。因年老思想负担重，怕耽误孩儿们的工作及生活，手术恢复时间长，担心子女没有时间来伺候自己。认为自己年老也没有多大用了，不能再给他们添麻烦，自己能活一天算一天就不错了，这是多数老人的想法。真正理解老人的儿女不是太多。

去的三个老人中，只有昌大爷的儿子最孝顺，而且敢于担当。昌大爷本人并不愿意去眼科医院做白内障手术，但他儿子执意让他去，不做不行。手术做好了，回来效果不错，看得清、望得远，生活质量当然就提高了。

五十一　真没法

有一句歇后语说："和尚打伞——无法(发)无天。"要知道这人老了,上了年纪,与和尚相比也无多大差别,一样无法(发)无天。老年人不是满头霜雪几许,就是秃顶溜光明晃晃的,用不着剃度就自然无发;背弓腰弯得抬不起头来,不打伞同样看不着天,只能低着个头看着地下,这样走起路来稳当些。

苗大爷七十多岁,因脑梗死行动不便,不能自理,就雇了个男保姆。苗大爷大小便失禁,他生怕尿在床上,常常口齿不清吆喝他的保姆:"我尿,我尿,快,要尿尿。"

保姆就很快把尿壶给他提过去,帮他脱下裤子和裤衩,却几分钟时间都没动静。

保姆就问:"你尿啊！你尿不？快点吧！"

苗大爷不吭气,保姆无法,只好把裤衩和裤子再兜起来,给他刚穿好内裤和外裤,扶他坐在轮椅上。不一会儿,保姆看到他坐的轮椅下边流了一片水。啊！这是尿了。裤子和轮椅、地上全是湿的,一股尿臊气弥漫了整个房间。怎么办呢？换吧！不换不行啊！有好办法吗？没有,无法。

安大爷也是七十来岁,住进养老院才几个月。他是脑出血后遗症,双腿不能站立,双手不会活动。老伴给他喂吃喂喝,大小便全靠尿不湿和纸尿裤来解决。只是喂他吃喝是很头疼的事,牙齿不好,舌头不灵,喂他吃一顿饭,少说也得半个小时,就这还全凭他吃得不是很多，特别是喂他汤水，灌进嘴里没等闭上嘴巴下咽，就从嘴角流出来了，有时还没咽下去的汤水又被噎住，突然“咳咳、咳咳”咳嗽几声又喷出嘴外，给他老伴喷得满脸满胸脯都是饭和汤。有什么好办法解决这样的问题吗？没有。这真是没有什么办法，无法，还是无法。

他老伴也常这样念叨着：“无法！真无法！只能这样慢慢地熬日子吧！”

快八十岁的毕大爷，十多年前因一场车祸留下腿疾，左腿和右腿不协调，不能正常走路，走起来一瘸一拐的，这十多年来从不离开拐棍，唯一的梦想就是有一天能和正常人一样扔掉拐棍走路。他每天坚持拄着拐棍转圈子锻炼，生怕有一天连拄着拐棍也不能走了。但他也知道要扔掉拐棍是不可能了，为此事他犯愁地睡不着觉，常祈求老天爷保佑自己能一直维持现状，让自己拄着拐棍继续走下去。

八十六岁的万大爷，口水流得哩哩啦啦不断。万大爷胸前戴着个护巾，老是湿漉漉的，没有干的时候。他在人前很不自在，有时会戴个口罩用来遮掩。万大爷十几年间看了不少医生，也没治好他这种病，吃什么药都不见效果。

有人说：“老万，你去看看吧！这该不算什么大病吧？”

万老爷子回答：“我没病，没什么感觉，不疼不痒。要是有感觉，还不流呢！还别说，要是不流口水吧，身上还真感到不舒服，像感冒了一样。医生说是心脏病，也有说是胃病。至今还没有医生能看好我这怪病，爱流就流吧！无法，没有什么好办法。”

遇到难解决的事人们总会说办法总比困难多。但是对老人们来说有些困难让人啥办法都没有，反倒成了困难要比办法多。

五十二　就怕风

养老院里的七十多位老人，八十岁以上的就有三十多个。这些耄耋之年的老人，大多数是窗户不开，房门紧闭，而且冬夏春秋一个样，他们的共同毛病就是——怕风，认为风是感冒的罪魁祸首。其实恰恰相反，疾病是因为没有常常通风换气，空气不新鲜造成的。

养老院、敬老院、光荣院、福利院等老年人集中居住的地方，总有一种说不出来的怪味。究其原因，懒得讲卫生是一个方面，主要还是不常开窗通风换气造成的。院长赵老头儿在"风"与"感冒"的问题上，常向老人们解释，可是收效甚微，没办法，改变不了。

赵老头儿给老人们常常这样讲："风是好东西，它和水、阳光一样，不用花钱就能得到，这是上天恩赐给我们的无价之宝。风调雨顺、和风细雨、一帆风顺、风平浪静等，对风的赞美之词多了。当然事物都有其两面性，我们也不喜欢洪水泛滥，同样也不愿有狂风暴雨。但只要有风就能吹散雾霾，换来优质空气，改变空气质量。"

李大爷、姜大爷、吴大爷还有樊老汉、王大爷、卫大娘、李大娘等八十岁以上的老人都怕风，不怕风的老人只有极少数。怕风的老人是不懂科学的，身体抵抗能力太弱，反正整天要把门窗关得严严的，一进房间就赶快把门关上，生怕风吹进来。有一位风婆婆，八十九岁了，最怕的就是风，与她同室的莫大娘，很想打开窗户通通风，但风婆婆就是不让。为这事两人常常吵嘴闹矛盾。莫大娘七十来岁，和风婆婆相差近20岁，是可以当她妈妈的年龄，对风婆婆毫无办法。你说风婆婆怕风吧，她又很耐冻，数九寒天也不忘每天早晨起来到大门外的马路上遛一遛，一遛就是半个小时，才返回房间。快九十岁的她，身体强壮，从来不怕冷，但很怕窗户和门外边吹进来的风，就是不怕在外面吹的野风，你说这怪也不怪！这是养老院里多数老人的看法。

院长赵老头儿路过走廊时会随手将走廊的窗户打开，服务员在打扫卫生时也会照样打开窗户透透气，但只要凤婆婆看到窗户被打开，就会立马关上。嘴里还呢呢喃喃地骂着："谁这样缺德，天天开窗户，也不怕风吹着！"

赵老头儿发现后，找她专门谈话："开开窗户通通风再关上，换一换空气，对身体好。"

"你问我啥时候回家，我没说回去啊？"

凤婆婆耳聋得听不见，话题不知岔到哪儿去了。院长和她没法交流。

"你知不知道现在医院里出生的婴儿，都不得脐风吧？"

"没听说，过去多的是。"凤婆婆这下听到了便回答。

赵老头儿又高声问："你儿媳妇得过产前、产后风吗？"

"我儿媳妇都当上奶奶、姥姥了，哪还能生孩子，哪还能得产前、产后风。现在去医院里生孩子哪还能中风，不可能的事。"凤婆婆肯定地回答了赵老头儿。

风，是空气在太阳热力的作用下，热空气上升，冷空气来补充而流动生成的自然现象。只要是科学利用，就能造福于人类，如风力发电，风车、帆船等。但是也有不尽如人意之处，如龙卷风、台风往往会给人们带来极大灾害，但绝不是老人们认为的"风"是疾病的万恶之源。在生活当中，当然也就没必要拒"风"于门窗之外，而那么恨风、惧风了。

五十三　怕寒冷

前面写“怕风”，在这里再说“怕冷”。怕风、怕冷还有怕凉也是老人们常常嘴边念叨的，其实都是最怕感冒。老人体质好的少，随着年龄的增加，一年比一年怕风、怕冷、怕凉、怕生病。他们每感冒一次，数天都不能恢复过来，就是恢复过来了身体也大不如以前。

老人过冬，就是要过生死关口。因此为了让老人能温暖过冬，减少感冒等疾病的发生，养老院负责人赵老头儿萌生了将燃煤取暖锅炉供暖改造成集中供暖的念头，向县政府提出给予集中供暖的书面请求：

县委、县政府及相关单位：集中供暖通到我们单位是我们久久期盼的。节能环保低碳生活一直是全中国人民的心愿，也是党中央、国务院治污环保的要求。但是我们城关小学、养老院、土地局、水利局、卫生局、商贸中心等十几个单位至今不能实现集中供暖，很是遗憾！请县委、县政府及相关单位重视关注一下，让我们城关小学的上千名孩子不再挨冻受冷读书，让养老院近百名七八十岁的老人能温暖过冬。

结果答复是“今年不在规划之内，明年一定能接通”。接到答复后，院长赵老头儿怎么也高兴不起来，想在今年冬天接入集中供暖的美梦破灭了。不过还好，有明年一定能接通的几个字，还是留下了希望。

在第三个冬季即将来临之际，赵老头儿又坐不住了，再次向县委、县政府提出集中供暖的书面请求：

我们都是住在养老院里的一群老人，有离休老干部3名，退休干部职工28名，还有无收入老人35名，合起来共有66名。九十岁3名，八十岁以上多达32名，其余31名都已七十多岁。目的是享清福安度晚年生活的，但不尽如人意的是一到冬天，院内窗台黑灰一层，除不尽扫还来，都不敢开窗通风换气，对我们这群七老八十的人的健康损害可想而知。碰到患有肺气肿、气管炎、呼吸道疾病的别提有多难受了。都说是取暖锅炉惹的祸！欣喜的是县政府重视民生，时刻关心着我们的冷暖，三年前就投入大量资金开始了集中供暖工程建设。我们很高兴，但是盼了一年，又等了一年。两年过去了，集中供暖养老院就是没接通。不是养老院领导不重视，而是主动权不在他们手中。去年见一些单位实现了集中供暖，养老院从8月就开始多方奔走，牵头联合周边多家单位找供热公司，访县委、县政府领导，想得到支持帮助，但仍然毫无结果。眼看秋去冬来，养老院是在县城最西边，往东包括小学和一些单位及住宅小区，不足0.25平方公里的范围内，就竖着十八个烟囱。真不想再过那吞云吐雾烟尘满天的日子！

扩大集中供暖区域，共育碧水蓝天，同享清新美丽，绿水青山就是金山银山。我们老年人大道理知道的不多，但起码明白集中供暖会节能减排、热效高，环保方便又卫生，安全舒适，价格实惠好处多多。希望县委、县政府在城建工程上不怕困难，不惧险阻，开拓进取。给我们老人们，还有城关小学上千名学生一个温暖卫生的冬天吧！谢谢！

说老人难，有的人还会随口敬上你一句："不要倚老卖老好不好？老了怎么了？有什么了不起！县委、县政府还有很多大事、要事急着要办，忙不过来。悠着点等吧！干着急没用！"

敬老、尊老、爱老、助老，这传统已有上千年的历史，说明老来真正难，才这样流传下来敬、尊、爱、助。老年人本来就难，一个老人难，一群老人更难。这可能就叫好事多磨吧，看来要解决老人怕冷问题，享受到这集中供暖，只能再等下去了。

五十四　怕生病

老年人还有一怕，比怕风、怕冷更怕，就是怕生病。这怕风可关闭门窗保温，怕冷可多穿点衣服保暖，唯有这生病真没办法，花钱不说还受罪，一住进医院全家老少不得安生。有位方大爷一说起住院来就忧心忡忡。有时病没治好，药物带来的副作用倒治出新毛病，弄不好还把性命丢掉，只落得人、财两空。

因此，没有人不怕生病的，特别是老人。所以常言道："没啥也别没钱，有啥也别有病。"社会上养生的人有很多，保健养生的电视节目的收视率也很高，足以说明人人都害怕生病，心病、小病、大病、重病、慢性病、要命的病，使你恐慌不安，谁生病谁倒霉。

亲朋好友或者初次见面都要打招呼，常见的问候就是："你好、您好！"要复杂点多问候几句也不离身心健康主题，如"家里都好吧？""您身体还好吧！""你还是这么结实，没变样。""你还是这么年轻，身体挺棒的。"用"祝您身体健康"等话语来问候和表示关心。归根到底这都是害怕生病的原因，特别是对老人们的问候和关心，"祝您身体健康长寿，祝您寿比南山不老松、福如东海长流水"。

生病最怕的是癌症。因此，肿瘤（癌症）病医院遍布全国各地。这种病是世界上都公认的大病、重病，是难治之症。曾有一位记者患癌后写下了六大感悟：

一、很多人不是死于肿瘤，而是死于对肿瘤的无知和恐惧。患上癌症不等于被判了死刑。

二、患癌后，没想到癌症病人那么没有尊严。花了钱、排了长队，内心所期盼和倚重的一流医院“特级专家会诊”不足三分钟。医生的诊断几乎就是一纸死亡判决书。而忧心忡忡、愁眉苦脸甚至倾家荡产的弱势群体，就是中国癌症患者的群体形象。

三、我们要用脑子救命，而不是用钱救命。做一个聪明的患者，要相信自己身体的抗病能力，最好的医生是自己。

四、把性命托付给自己，找到适合自己的康复之路。最好的方法是运动。

五、向死而生，把身体交给自然。

六、中国有八成癌症患者被“过度治疗”。不是死于自己的疾病，而是死于自己的恐惧和不正确的治疗。

从上可以看出，生病最怕得癌症，怕生病也无用，病来如山倒，病去如抽丝。是福不是祸，是祸躲不过。要做个坚强的老人，得病不由人，既然生病了，就应和病魔顽强作斗争。老人退休后，基本上就轻松起来，工作单位无压力，没有多大家庭生活负担。不用忙着去上班，儿女都早已成家立业。最重要的一件事，就是照顾好自己。

五十五　包房间

养老院除去厨房、餐厅、卫生间、厕所和娱乐活动室、办公室、会议室外，能住老人的房间共有 41 个，其中标准间 24 个，普通间 17 个。如果每个房间能住两位老人，就能住 82 位老人。但是有的老人为了安静、自由、舒适，就单独包一个房间。好处是自己若是生病了，儿女们要来陪护伺候照顾方便些。所以有的老人会包房间独占两张床位，养老院大约有 20 位老人包间，减少入住老人 20 位，也就是说只能够接收 60 多位老人，如果加上四层改造装修的 15 个简易房间，最多也只能住下 70 多位老人。

年已八十的俞大爷，老伴早早过世，刚住进养老院时曾先后和褚大爷、董大爷等在一起合住过，但总因生活习惯不同而合不来。比如你要开窗通风，他怕风；你要拉开窗帘，他怕光刺眼；你要关灯睡觉，他说时间还早我要看一会儿电视，你东我西闹别扭。最终俞大爷向院长赵老头儿提出要包房间，赵老头儿答应了。包上了房间，交费由原来的每月 800 元上升为每月 1180 元。钱虽然交得多了，但是却随便、自由、舒心了，钱没有枉花。他每月领取 2000 元的退休金，除交养老院的费用，还有余。

半年过去了，住在对门的莫大娘看上了俞大爷。莫大娘七十多岁，比俞大爷小几岁，一来二去就黏上了，再由其他几个老人从中说合，两人就住到了一个房间。一开始俞大爷的儿女们不同意，猜想莫大娘是为了俞大爷的钱。俞大爷包房间，莫大娘就可以白住，还要每月付给莫大娘零花钱500元，自然这打扫卫生等杂七杂八的事情就成莫大娘的事了。当然俞大爷为了自己不寂寞，晚年有人陪伴不冷清，找个伴一起生活，互相有个照应，在老人们看来也自然是个好事。

一年后的一个晚上，一位老人从俞大爷房间门前走过，听到屋内传出俞大爷与莫大娘的吵闹声。只听俞大爷吼叫着："滚、滚！你给我滚出去！"只听莫大娘央求俞大爷说咱不说钱的事情了。原来他们是因为钱争吵起来的，莫大娘每月嫌给的零花钱太少，俞大爷就是不给再加，500就是500，一分也不多给。

第二天一大早，俞大爷就找到院长赵老头儿说："头儿，我和莫大娘要分开房间住，给我安排一个包间吧！"

赵老头儿猜到是两人生气了，就说："哎哟！眼下标准间、普通间都住满了，暂时没有。只有四楼的简易房间，您住吗？"

"行，可以，我住，我上去。"俞大爷口气坚决地说。

"您还需要回去和儿女们商量一下，再做决定。"赵老头儿告诉俞大爷。

俞大爷听完没吭气，低着头说："唉！人老了啥事也当不了家。"就慢慢地出了养老院，打了个出租车回家和儿女们商量了。

当天下午，赵老头儿见到俞大爷问："怎么样，定了没有？"

"唉！孩子们都不同意，说分开怎么办，我一个人单住，他们当儿女的也都不放心，万一要再半夜三更生病了也没人知道。他们都工作忙，倘若住医院了又没人伺候，还是不分开好，这样可以相互有个照应。"

赵老头儿听俞大爷说完，心想这人老了难过的事真多。俞大爷和莫大娘结合时，儿女们都不同意，怕莫大娘只为钱或者想骗钱。

现在想要分开住,可儿女们又不同意。合不对,分开也不对,左右都是老的不对,真是老来难啊!

包间是老年人住养老院的最佳选择,也是最好享受,自由自在,交费虽高,但住着随意,心情舒坦,要再碰上个相知相爱的知心人,那可真是锦上添花。要俩都是男或都是女,在一个房间,有的讲卫生、有的邋遢,你长我短就是合不来。按说两人合住一个房间,少交费用经济合算,两人相处说话方便,相互照顾拉拉家常又不寂寞,该是多好的事情,但好事情往往就是不好办。

五十六　雇保姆

养老院住有四个保姆，其中两个是男性保姆，这些都是老人自己或家里人雇来的，因低端养老院里住的大都是生活基本能自理的老人，服务员只是负责打扫卫生、送开水、洗衣服、端饭到桌（餐厅），没设专职护理员或护工。

任大爷每月退休金两千八百元。前几年生活还能够自理，近年来身体一年不如一年，渐渐地已照顾不了自己了。他没有女儿，只有三个儿子，也都各忙各的，但却有一个好儿媳妇。年轻的小夫妻俩都很忙，两个小孩儿正在上学，正是上有老下有小的时候。这个儿媳妇觉得自己一天忙忙碌碌的，怕对公爹照顾不好，遂想到给老公公找个保姆，真比她丈夫都要想得周到。于是她四处打听，也托人问询，有意向的不少，但是合适的不多，不是钱上谈不拢，就是其他方面相不中。这找个好保姆还确实不容易，找来找去终于找来了一位六十来岁，身体健康，愿意伺候老人的妇女，说好每月工资一千元，并管吃管住。在养老院当保姆不用买菜做饭，主要也就是陪伴看护老人，照顾其生活起居，打扫打扫室内卫生，协助老人活动，不至于摔磕碰着，有急事能尽快通知家人亲属。这工作说起来并不太难，也不是很累，就是必须得二十四小时全天候值守，随老人动而动，夜里睡觉轻点，操心点而已。再说了也是六十岁的人了，住在一起也就和住养老院一样，还能挣个零花钱，不能说不是个好差事。再说任大爷的儿媳妇常来看望她的公爹，也捎带看看保姆工作做得怎么样。刚开始还可以，后来却发现房间的物品乱七八糟，室内的卫生越来越差。背地里一打听，才知道这位保姆经常扔下老人不管，上街溜达，还和其他老人在一起打牌。任大爷儿媳看到和听到后，想这一千元，还有吃住等费用合起来差不多两千元，花得太不值了。因此，就说老人要回家住，不需要雇保姆，给辞退了。

这可让她去哪里马上就找到一个实实在在能为老公爹服务的好保姆呢？一个月后，经朋友介绍，来了一位七十岁上下的婆婆。经过三个月的观察，这个保姆服务上虽不理想，但也马马虎虎过得去。就是常常和任大爷吵架拌嘴，有时双方甚至破口大骂起来。

半年后，这个保姆被解雇了。这可把儿媳妇愁死啦。已有两三个月了，仍然没有找到合适的保姆。亲戚朋友四处打探询问，就差在电视台打广告了，可就是没人应聘。事有凑巧，来了个邋遢不怕脏，和任大爷年龄相仿的老大爷，虽左手残疾，但身体强壮，为他端屎送尿，打理室内卫生，虽然做得不是太好，但总比没人伺候强。天天如此也不能白用人家，每天给点小费，双方都好，但这总不是长久之计。

功夫不负有心人，在儿媳妇的执着打探下，亲戚朋友又介绍来了一位不到七十岁的老大娘，终于给老公爹找到了第三个保姆。这位老大娘和任大爷有共同的生活经历，可谓同病相怜，一来就进入了工作状态，跟前随后形影不离。任大爷要方便时，她就搀扶着让他慢慢蹲下；不小心跌倒，她及时扶起来；任大爷忘记吃药，她替他惦记着，并把开水提前准备好，等水不烫能喝了，她双手端起水杯递到他跟前，把药片数好让他服下。她的一举一动感动了任大爷，暖了任大爷的心。任大爷一高兴，一反常态变得舍得花钱了，还说："我出不了门，上不了街，你能出去，就自己买几件好衣服，穿在身上也体面。用多少钱，随你花。咱俩就我这点退休金，除够交养老院以外，想吃啥、穿啥、用啥都行。老了，过几天算几天。咱疼人不疼钱，身体重要，你好好养身体，我还有许多事等你办。”

这个老大娘伺候过三个有病的老人，任大爷已是她伺候的第四个。前三个都已去世，来之前有几家都想雇她，可她已先答应下任大爷，就来养老院里了。在这儿既可以伺候任大爷，同时也能养自己，一举两得，真是一个两全其美的好事情。

三个月过去了，半年也过去了，一年又过去了……这已经是第三个年头，仍然还是这位七十岁的老大娘伺候陪伴着快八十岁的任大爷。

五十七　要当家

袁大爷要来住养老院,服务员告诉他没有房间,但他却蛮有把握地说他能自己解决。事后才知道他已和先住进养老院的钱大娘经人牵线配对成伴,怪不得他对能入住养老院信心满满。为促成好事,与钱大娘同住一室的卫大娘主动和院长提出要让出床位,院长知道这是好事,随即满口答应,很快就把卫大娘和另一位老大娘安排住在一起,让出来的床位给袁大爷。当天袁大爷就让自己的儿女们把他送来养老院与钱大娘花好月圆。养老院里的老人们议论:“这老人也闹闪婚呀! 干脆利索! 家有啦,老伴也有啦! 真是双喜临门。”

老大爷、老大娘们见到袁大爷开玩笑说:“你什么时间请客? 我们还都等着吃你俩的喜糖哪!”

可不到一个月,喜糖在嘴里还未化完,袁大爷和钱大娘就演绎出了一个活脱脱的闪婚闪离故事。一天,钱大娘征得院长同意后,叫来儿女们把自己的物品、被褥全部搬到另一个房间,与袁大爷分开房间各住,和一位九十岁的老大娘合住在一起。合也快,分也快,都是什么原因? 答案是:“当不了家,做不了主。”老人们只要坐下来就是议论他俩的闪电配。他俩同居十五天,老人们就唠唠叨叨了半个月。

人老没钱权了,你就啥也不是。老人没权最难过,由于自己没权,当不了家,做不了主,全由双方儿女们当家做主。在婚姻问题上，年轻时，双方谈成谈不成，由自己说了算；人老啦，双方谈成谈不成，全由儿女们当家说了算。婚姻的不自由是我国几千年的顽固风俗习惯，要改掉谈何容易。《中华人民共和国婚姻法》规定："保护妇女、儿童和老人的合法权益。""子女应当尊重父母的婚姻权利，不得干涉父母再婚以及婚后的生活。"关于老人同住问题，《中华人民共和国老年人权益保障法》第二十一条规定："老年人的婚姻自由受法律保护。子女或者其他亲属不得干涉老人离婚、再婚及婚后的生活。赡养人的赡养义务不因老年人的婚姻关系变化而消除。"如果不履行赡养义务，就是违法行为，应承担相应的法律责任。

丧偶老年人再婚是追求晚年幸福的基本生活诉求，他们渴望能找到一个伴侣，能有人沟通交流，能够理解自己，而且希望有个伴侣来照顾自己的生活，相互排遣寂寞，这也是失偶老年人想找伴侣的最主要原因。子女的阻挠，世俗的阻挠，自身心理的原因等，都会对老年人再婚带来不利。袁大爷的儿女们是支持袁大爷自主婚姻的。人老了得有钱，有钱才有自主权。袁大爷是离休老干部，每月有五千元离休金，每月除交养老院的八百元费用外，还剩余四千多元。但是，女儿掌握着财权，花多花少得向女儿张嘴说话，张嘴容易要钱难。钱大娘心里想："我是七十六岁的老太婆，你是八十六岁的老头儿，比我大出十多岁，身体又不如我，让我伺候你，白照顾你。"再说在当下，养老院里已经有三对老来夫妻在一起住。王老汉和刘大娘住一起十年，王老汉为刘大娘包吃包住，每月给刘大娘五百元零花钱，刘大娘给王老汉洗衣服，铺床叠被，打扫卫生、整理房间，伺候得王老汉整天高高兴兴、乐呵呵的。还有李大爷和李大娘，李大爷患有脑梗，生活只能半自理，李大爷退休金有三千多，除交养老院两个人费用由李大爷个人负担一千三百元外，剩余一千七百元，给李大娘零花钱一千元,余下的七百元钱差不多正好够每月吃药,不够花儿女们再给添补点。

张大爷和赵大娘经双方儿女们商定由张大爷包赵大娘吃和住,零花钱每月给赵大娘五百元。虽然不算太多,但是张大爷生活还能基本自理,只是记性太差,丢三落四,耳朵也不太好使,难以对答交流。赵大娘的主要任务就是提醒他别忘记按时吃药,到点陪他去餐厅吃饭,出门走动要看护好。

在养老院里的这三对伴侣,都是相依为命,谁也离不开谁。刚开始张大爷的儿女们还不相信赵大娘能照顾好张大爷,怀疑赵大娘只是为了钱。但几年过去了,才发现这种想法完全错了!

五十八　五保户

柳大爷住进养老院里三年了，已到古稀之年，一辈子没有娶过老婆，当然也就无儿无女。年纪大了，全凭国家有好政策，对他这样无法定赡养人、无劳动能力，又无生活来源的老人，政府实行五保政策，即保吃、保住、保穿、保医、保葬。

柳大爷住的是县一级养老院，在当地算是一个中等的养老院，生活条件要比敬老院强很多，所以他选择了养老院。因他在年轻还有劳动能力时攒下五万元的积蓄，除他每年领取分散供养的五保生活费三千元外，再用自己的积蓄补够住养老院的费用，这样他最少也能在养老院里幸福地生活五年多。眼下身体虽还算健康，只怕一年不如一年，再有七八年就八十岁了，大家都为他以后的生活担忧。他有一个侄儿名字叫柳南浩，还算孝敬，住养老院还是这个侄儿为他办的。柳大爷花钱大手大脚，出手大方。因有自知之明，他就主动把全部积蓄交给南浩，由他侄儿负责支付养老院的全部费用以及自己所需要的零花钱。柳大爷有个六十多岁的弟弟，要给他儿子娶媳妇，但缺钱。柳大爷虽无儿无女，但侄儿侄女倒有一大群。其中一个侄儿向他借两万元，管钱的侄儿南浩当然是做不了主的，得伯父同意才行。柳大爷钱不多，又是活命钱，因此左右为难。不借，那就要得罪弟弟也得罪侄儿；借吧，自己这把年纪，谁知哪天离世，这钱让他归还给谁好呢？

不过这可惹下了祸，柳大爷的老弟因此不认这个老哥，因借钱而断亲，不再来往。侄儿南浩在中间尴尬难受，大伯和叔叔都惹不起。最后南浩想了一个办法，就是把钱全部交给养老院，能支持多久算多久。南浩把这事和柳大爷商量后，柳大爷就找到养老院院长赵老头儿说要一次性交清五年多的住院费用。

赵老头儿说："这可不行，最多一年还可以。咱们这里是一个月一个月地交费，像你这种五保户，我们不能预收费用，老年人万一有个三长两短……你的余款我们退给谁？"

柳大爷眼睛一眨一眨的，无话可说。赵老头儿接着又说："你应该去住敬老院，这样你可以享受五保很多的优惠政策，还保吃饭、保穿衣。在这里虽然条件较好，但你的积蓄很有限。"

"我活一年算一年，敬老院我是不会去的。"

"那你生病了怎么办？"

"病了不用你们管，由民政负责处理。他们要不管，我自己回家等死好了。"

赵老头儿听他说这话也很犯愁，对这么个无儿无女的困难老人，十多年的养老从业经历，这还是第一次遇到。他想应该与管辖柳大爷的属地镇政府、民政部门，还有敬老院及他侄儿南浩等多方协商，来解决柳大爷遇到的难题。赵老头儿牵头与几方面商量达成一致，共同与他们签订了一份协议书：

柳五福，男，七十三岁，系城关镇东关村人。因无劳动能力及生活来源，法定赡养义务人又无赡养能力，政府相关部门确定为五保户，在城关镇实行分散式供养。因其个人原因，自愿入住养老院。

为了让柳五福安度晚年，经本人要求，多方协商，达成如下协议：

1. 尊重柳五福个人意愿，在其经济状况允许的情况下，继续自费在养老院居住；

2. 经各方商定柳五福现有五万元积蓄由养老院代为保管，居住期间所产生的所有费用由养老院为其扣缴、扣支；

3. 从协议签订之日起，柳五福仍为分散式供养五保户，国家发放的五保户补助款由本人或委托人领取，交养老院代管，作为柳五福入住养老院居住费及日常生活开支补充；

4. 协议签订之后立即生效，柳五福的侄儿柳南浩将其代管的柳五福积蓄一次性交给柳五福，由柳五福转交养老院代为保管。原入住养老院所签订协议仍然有效，柳五福如有要事，签字各方必须参与沟通处理；

5. 若柳五福因经济条件限制，无能力再在养老院居住时，根据国家五保政策规定，返回城关镇敬老院集中供养，城关镇敬老院必须无条件接纳；

6. 如遇突发伤亡，由所属地民政机构及所在地根据相关五保户政策规定处理。

签订完协议，柳大爷、浩南和赵老头儿终于都舒了口气，事情也就圆满地解决了。

五十九　急救护

天有不测风云，人有旦夕祸福。在养老院里住了整整五年的孙大娘，在春节期间的一个傍晚，突发心脏病过世了。

那天，孙大娘在餐厅吃过晚饭，和酆大娘相跟着要回房间，孙大娘随手提着一盒亲戚送给她的礼品，当走上二楼时，感到吃力，就向酆大娘说："老姐妹，你帮我提上吧！不知咋了，连这点东西也提不动了，真不中用。"

"没问题，来吧！"酆大娘边说边接在手里。两人相跟着，一个拄着拐杖，一个提着礼品一起上楼。路过孙大娘房间时，酆大娘等孙大娘从衣服口袋掏出钥匙，孙大娘边开门边说："老姐妹呀！我的牙(假牙)掉了，是不是要不行了？"

"瞎说啥呢！歇歇就好了，没事。"说完孙大娘进了房间，酆大娘礼品盒还提在手里，而孙大娘刚到床跟前就一下两手趴在床边，头也耷拉了。酆大娘慌忙走出房间大喊："快快！快来人啊！孙大娘不知怎么了！"

喊声惊动了养老院的老人和服务员们，院长赵老头儿随即给孙大娘的两个儿子去了电话。大儿子说就在路上很快就到，二儿子说开车马上就来。赵老头儿这第三个电话打给了120，还好，几分钟后120救护车赶到了养老院。看到医生来了，围在孙大娘床边的人们就都让开了，医生走过去问："她这样有多长时间啦？"

"最多也就十几分钟吧！"赵老头儿回答。医生仔细检查了一番，低声说：“不行了，她有多大年龄了？”

赵老头儿说：“八十六岁了。”

在场的人和先后赶到的两个儿子，一下子都安静了。谁也无能为力，无可奈何了。孙大娘就这样永远地离开了人世，走向另一个世界。

几年前，救护车将八十三岁的何先奇老人送往医院，当天下午就去世了；七十多岁的罗大爷，早上得病，十分钟后救护车接走，也无回天之力，当天下午离开人世。

对老人生病急救、治疗效果与年龄关系很大。八十岁、七十岁、六十岁各个年龄段是不一样的，老年人年龄越大抢救效果越差。老年人全身器官大多衰退，就是及时抢救也比不上年纪轻的急救效果好。

六十 遇困境

人这一辈子最难度过的就是老年阶段。进入老年最怕的就是生病，最难熬的就是时间，最担心的就是在困境中生活。度日如年，每天都不好过。

鲍大娘多次给自己的儿女们打电话，想让他们来养老院里一趟，可药也吃完了，儿女们就是叫不来，都说太忙了走不开。鲍大娘叫老大，老大让叫老二；叫老二，老二让叫老三；叫老三，老三说让叫他妹妹。三天过后，不见一个来。鲍大娘有苦难言，就这也不愿说自己的儿女们不孝顺。

卫大娘生有一男两女，患半身不遂多年，几天里一连跌倒两次。逢初秋之夜天气较凉，夜里起床上卫生间方便完后又栽倒在床前，连爬到床上的力气都没了。同房间的李大娘也八十八岁高龄，对身高体胖足有一百五十斤的卫大娘，根本没办法也没气力将她扶起来。县级养老院的条件并不完善，房间没有呼叫系统，所以在三更半夜里，对危重的病人并不能及时发现马上送往医院救治。第二天上午，卫大娘又接连给三个儿女打了电话，儿女又都以各种理由推托，不把母亲往家里接，也不来照顾几天。卫大娘看着赵院长，眼眶里的泪水一直在打圈圈，硬是忍住总算没顺着脸庞流下来。赵老头儿只好给卫大娘子女们去了电话，电话倒是都接了，就是没人来，再打电话对方无应答。没办法，卫大娘只好千小心万小心慢慢活动，这样半年时间过去了，再没有发生跌倒事件。

赵大娘与卫大娘同样有三个儿女。儿子在外打工，两个女儿留在本地，开着两个饭店。赵大娘以前在饭店给女儿帮忙，后来老了帮不了忙还碍事，儿女们一商量就让她住进了养老院，费用由兄妹仨均摊。住养老院一切还好，想儿女的时候就打电话。可是儿子远，女儿饭店又忙，一时都来不了，赵大娘一着急，就没完没了地打，要不就撒谎说生病啦，得去医院。结果俩女儿都来了，赵大娘却说："好多了，快都回饭店忙活吧！"

"见不到你们我没精神不说还心慌难受，一看到你们就没病了，全好了。"

两句话说得姐妹俩哭笑不得，这就是《常回家看看》歌曲的魅力所在。一经传开，红遍大江南北以至人人爱唱，个个想听，久唱不衰，生命力极强。今天听起来仍然是情浓意长，感人至深：

找点空闲、找点时间，
领着孩子常回家看看，
带上笑容带上祝福，
陪同爱人常回家看看，
妈妈准备了一些唠叨，
爸爸张罗了一桌好饭，
生活的烦恼和妈妈说说，
工作的事情向爸爸谈谈，
常回家看看、回家看看，
哪怕给妈妈刷刷筷子洗洗碗，
老人不图儿女为家做多大贡献，
一辈子不容易就图个团团圆圆，

常回家看看、回家看看，
哪怕给爸爸捶捶后背揉揉肩，
老人不图儿女为家做多大贡献，
一辈子总操心只图个平平安安。

六十一　论吸烟

养老院七十多位老人，只有少数几位老人吸烟，大多数老人没有吸烟的习惯。院长赵老头儿统计发现，养老院高龄的老人有一个共同的特点，就是从不吸烟。而老大娘们几乎都不吸烟，这也许是女人比男人平均寿命长的原因之一。养老院里有五六个吸烟的老大爷，他们吸烟时，老大娘们总是躲得远远的。养老院的娱乐室、走廊和房间的墙壁上尽管都有“禁止吸烟”“室内不准吸烟”的警示牌，但吸烟的老人都视而不见。烟瘾一来，警示牌对他们来说只是一个摆设。

一天，工作人员打扫卫生时，发现地上有烟头，碰巧唐大爷嘴里叼着根纸烟从走廊过来，食指和中指夹着烟在嘴里深深地吸了一口，然后长长地吐出一团浓浓的烟雾。服务员等他来到面前，指指墙上的“禁止吸烟”警示牌说：“看见了没有，上边写的是啥？”

“啊哦！忘了、忘了。唉！一辈子了，改不了。”说着很快弯下腰把烟头掐灭，将烟头扔在一边。

服务员又说：“这烟头都是你扔的吧？”

“不是，刚刚扔的那个是我的。”

“不亲眼所见，你才不会承认呢？”

“是是是。”

“以后不准在室内抽烟，想吸请到外边去，不要影响别人，行不行？”

“行行行,好好好!”唐大爷态度倒是好,满口答应。但要改变吸烟的习惯却很难,说是说,做是做,该吸时还要吸,这不一扭头又在院子里吞云吐雾了。

怪不得还有人针对吸烟整出个十大“好处”:一是解闷;二是增加灵感;三是能显示自己尊贵,彰显风度;四是缓解某种脑病;五是促进新生血管的生成;六是可以提高记忆力;七是可以保持体形;八是吸烟可让医生有钱可赚;九是为烟草行业作贡献;十是可增加国家财政收入,促进社会经济发展。这话乍看“有理”,细究实则毫无根据。

人都知道吸烟不是什么好事情,养老院的老人同样也明白,所以大家都反对吸烟。

六十二　要孝顺

薛老汉在养老院里算是年龄比较小的一个老人，他和老伴史大娘都不到七十岁。他的儿女们曾一度被养老院的老人误以为不孝顺，后来才知道是薛老汉从不知体谅自己的儿女。

就说那一次薛老汉从县里的医院转往市级医院看病，病好出院回到养老院，老人们见了问道："病好了，回来了？"

"差不多吧！好些了。不过这次看病住院，花了不少钱。"接着还指着旁边搀扶他的儿子说："让他们花了五六千块钱，让他们再能耐！"老人们听后感到十分诧异，怎么会对自己孩儿说出这种话呢？孩子们挣俩钱容易吗？怪不得儿女们都躲着他俩。不是儿女们不孝顺，而是薛老汉不把他们当亲生的，儿女其实都还不错，知道父母亲都是有病的人，并不是儿女们故意难为他们。养老院的老人才都明白了是怎么回事，又夸赞说："薛老汉的儿女们才是真孝子啊！看来这眼见未必是实，这耳听也未必为'虚'，公道自在人心。"

韩大爷老两口都快九十岁了，同样有四个子女，两个女儿六十来岁，两个儿子也都五十多岁了。人老了，老两口合不来总斗气。老伴赌气去女儿家住，八十多岁的韩大爷单独在家，身体又不太好，吃饭也是问题。四个儿女一起商量送他住进养老院，并共同承担住养老院的费用。一年后问题来了，两个女儿不给韩大爷付住养老院的费用了。起因是韩大爷的老伴常年在两个女儿家轮流居住，两个女儿因为已养活了一个，再出钱分摊韩大爷的住养老院费用有点吃亏,韩大爷的生活费用就应该由两个儿子来负担。但十年前,韩大爷的老伴给大儿子看小孩儿时,小孩儿出门玩耍时不幸掉进水坑里溺水身亡了,这本是个意外事故,儿子痛失小孩,韩大爷老夫妻俩失去了可亲又可爱的小孙子。虽然这纯属意外,这当儿子的倒还能够谅解,可儿媳妇就不一样了,老是不依不饶。此后韩大爷的老伴就再也没去大儿子家里住过,无奈只有在小儿子家住。小儿子的媳妇认为你老在我家住,让我一家管,那还要大儿子和女儿干什么!韩大爷的老伴想想也是,后来也就常住在两个女儿家了。韩大爷住养老院的开销也就自然落在了两个儿子身上。儿子还行得通,可就是过不了两个儿媳妇这关,说两个女儿咋就不尽孝心了?只字不提两个女儿已养着老婆婆的事。农村老人能动弹还好,就怕老了不行了,动不了了,没了经济来源,儿女们有心无力,或有力无心,你推我躲,老人生活凄凄惨惨更见怪不怪了。

父母一路养育我们长大,给予我们许多,我们逐渐有了自己的事业,有了自己的小家庭,这时候,我们不应该只想着自己,只顾着妻子儿女,应该拿出一定精力,想办法不要让老人再去为生活受煎熬。虽说现在孝顺父母也被写进法律,但真的孝顺父母不是仅靠几条法律法规就能实现的,在这方面,道德比法律法规更具有约束力。

六十三　玩扑克

养老院的老人们，饭吃饱了，觉睡好了，没工作、班不上，总不能干耗着，那样没病也得闷出病来。所以打扑克、摸麻将、下象棋就成了他们的日常活动，至于弹琴、书画，就谈不上了，大都文化水平不高，老头脑、心力衰也没有那个雅兴了；扭扭唱唱也是少数。

一天下午，孔大娘、卫大娘、李大娘三人聚在一起，在李大爷房间门前议论昨天打扑克的事。这里是个玩扑克的地方，旁边放着一张小圆桌，玩时大家自带小座椅，扑克一拍就能开玩。虽然在李大爷门前，但他常是个观众，从不参与，只看他们谁输谁赢。三个人拉着家常，心里早就痒痒得想来一把扑克，但这三缺一，打也不热闹，不过瘾。只好几个拉着闲话，等着每天下午急着打扑克的董大娘到，可今天也不知她上哪儿去了。

这闲着没事干找话头，孔大娘凝视着一摞扑克突然问："这扑克是谁发明的，能让咱百玩不厌？"

"听说是从外国传来的，玩起来还真上瘾，像我国的麻将一样好玩。"卫大娘说。

"比麻将好玩，多一个人少一个人都能玩，一副扑克也不值几个钱，又不受场地限制，而且玩法花样多。"卫大娘接着回答。

"这外国人也真会发明，怪不得这 K、Q、J 画的都是外国人。"孔大娘拿起一张黑桃 K 问："这上面画的是谁？"

李大娘："管那做甚，知道谁大谁小和它的作用就行了，会出牌就好办,能摸到好牌就能赢,你这不是没事找事嘛。”

李大爷在旁边接上了话头:“打扑克还能看出一个人的性格来。牌打得好,说明有头脑;牌打得精,说明思路清;牌打得细,说明懂经济。打牌不怕炸,说明胆子大;赢了不吱声,说明城府深;输了不投降,竞争意识强。”

“哈哈哈!”李大爷说得大家都笑了。

“说得也对,这打扑克还打出知识来了。”

这时雷大爷正好走过来,老干部雷大爷是个老大学生。“快!快! 来来! 打扑克!”孔大娘一见就急着招呼上了。

“不不,我还有点事儿得去办。”

卫大娘随手拿起一张黑桃 K,指着上边的画像问:“老雷你知道他是谁吗?”

“噢,说他呀,是个国王。记不清是哪国的,不过我有个有关扑克牌的小册子,我拿来给你们念念。”他转身回房间拿出一本小册子,看了看说:“黑桃 K——大卫,公元前 10 世纪以色列国王所罗门的父亲,善于用竖琴演奏,被描述为最正义的国王,其头发是向外卷的,我们常见到的是米开朗基罗的雕塑作品《大卫》。还有红桃 K——查理曼大帝,法兰克国王,他在位的十四年间,发动过五十多场战争,控制了大半个欧洲的版图。最早在木板上刻他画像的人,不小心把查理曼上唇的胡子刮掉了。此后,红桃 K 中皆以此画为标准,因而只有红桃 K 中的国王没有胡子。再说梅花 K,他是亚历山大大帝,欧洲历史上最伟大的军事天才之一,马其顿帝国最负盛名的征服者。亚历山大大帝头发往外卷,总是佩戴着配有十字架的珠宝,这是梅花 K 国王的特点。接下来有方块 K——凯撒大帝,罗马的名将和政治家,统一罗马后成为罗马的独裁者,他在罗马帝国硬币上的画像是侧面像。在四张国王K牌里只有方块K的国王是侧面像,其头发向内卷,手持束棒。”

“那么Q就都是王后了,因为没一个长胡子的。”卫大娘又问。

“对,你说得对,都是王后。”雷大爷接着继续说,“先说黑桃Q帕拉斯·雅典娜,四张皇后牌中唯一一位手持武器的王后,是希腊神话中的女战神,也是智慧女神,雅典是用她的名字命名的;红桃Q——朱迪思,《圣经·旧约》中的人物,亚述军入侵希伯来地区,朱迪思诱惑亚述将军,趁其酒醉熟睡时,杀之于营帐中并割下头颅,使亚述军惊吓溃逃,因而拯救了国家;梅花Q——阿金妮由拉丁语Regina一词移位而成,梅花Q有这样一个故事,英国的兰开斯特王族以红色蔷薇花为象征,约克王族以白色蔷薇为象征,两个王族经过蔷薇花之战后,取得和解,并把双方的蔷薇花相结合,所以这位皇后手上就拿着蔷薇花;方块Q——拉结,也译作雷切尔或莱克尔皇后,根据《圣经·创世记》的记载,拉结是雅各(犹太人的祖先)最宠爱的妻子,雅各为了娶她,给自己的舅舅白做了14年的工。咱再说黑桃J——霍吉尔或叫奥吉尔,中世纪英雄史诗《罗兰之歌》中查理曼大帝的十二位帕拉丁(圣骑士)之一,曾立下赫赫战功,但最后在比利牛斯山脉的战役中不幸身亡,黑桃J手上原本持矛,现在却印成方天棍;再说红桃J——拉海尔,英法百年战争中的法国指挥官,为查尔斯七世的侍从,圣女贞德的战友;还有梅花J——兰斯洛特,英格兰传说中的人物,是一名出色的弓手,因此梅花J手持弓支,他与王后格温娜维尔的恋情导致了他与亚瑟王之间的战争;方块J——赫特托,特洛伊大王子,帕里斯的哥哥,是特洛伊第一勇士,在阿喀琉斯的决斗中,死在对方手里。讲完啦,没了。”

“还有这大小王呢?”孔大娘问。

“大王代表太阳，是白天，为红色，小王代表月亮，是黑色的。”

“都是外国人发明的？”

“也不确定，相传是在宋朝时就已经有了一种‘水子戏’的牌戏，后来被欧洲人带回，在‘水子戏’的基础上进行了改进。”雷大爷继续说，“一年有52个星期日，所以制成52张牌，加大、小王各一张共54张。又根据春夏秋冬，制成黑桃代表春——象征和平，红桃代表夏——象征爱情，梅花代表冬——象征幸福，方块代表秋——象征财富。分红黑两色，每种13张，代表每个季节有13个星期日。J、Q、K三类有花的牌共12张，代表一年12个月或12个星座。四张K代表国王，分别为英国、法国、西班牙和普鲁士君主；Q代表4个王后；四张J代表4个侍从或卫兵，也有地方称是王子。假如把J当作11点，把Q当作12点，K当作13点，小王当1点，那么53张牌的所有点数之和正好等于365点，正好是一年的365天，如果再加大王1点，那就是闰年的天数了。总之扑克牌的故事说法有多种，这是普遍的说法。而且扑克的玩法有很多，变化也很大，花样翻新，越玩越想玩，玩起来就没有个够。”

“算了，算了！扑克没打成，又让老雷给咱们上了一堂娱乐知识课。我们也只是看看热闹，老了谁还能记住这些。去吧去吧，去办你的事儿吧！”卫大娘开玩笑地抱怨着。

但李大娘听得兴致未尽赶快接过了话头：“怪不得打扑克消磨时间快，原来这扑克牌与日历和时间关系还不一般，用来消磨时间真是越磨越有意思。这里面的365个点，数一点就是一天，天天玩，大伙儿都高兴，时间就不知不觉地过去了。”

六十四　下象棋

中国象棋已有两千年的历史,是中华文明非物质文化的代表,也是中华民族的文化瑰宝。由于制造简单,趣味浓厚,规则简明易懂,老少皆宜,千百年来长盛不衰。

由象棋还衍生出了不少的典故:象棋上的老将到死也不敢出那个小框框;楚河汉界一清二楚;小卒过河只进不退;马回头不如驴;豆腐板上下象棋无路可走;一盘象棋下三天,真是棋逢对手。

还有象棋口诀:

将帅田中横竖走,士止相随不出宫。
相飞四方营四角,马行日字对角走。
炮须隔子打一子,车行直路任东西。
唯卒只能行一步,过河横进退无踪。
象棋易学最难精,妙着神机自巧生。
得势舍车方有益,失先弃子毕无成。
他强自弱须兼守,彼弱吾强可横行。
更熟此书胸臆内,管教到处有芳名。

打麻将和下象棋差别很大,下象棋能陶冶情操,锻炼思维敏捷,"棋"乐无穷,有道是:世事如棋局局新。打麻将虽然老少皆宜,但要是到了七老八十可就真有不小差距了,只能是为了取乐而已,要是青壮少年那可真是在浪费时间。

养老院里来了两位老人。一位姓贺、一位姓李。贺大爷八十七岁,李大爷七十五岁;一个耳聋听不见声音,你说你,他说他,全是客套话,和你客客气气的;一个装聋作哑不说一句话,但脑子很好用,还爱下棋。两人坐到一起就是下棋,李大爷年龄虽小,可眼睛不如贺大爷好,所以他常常输给大他十二岁的贺大爷。

贺大爷和李大爷下棋常常五比二或三比一,甚至三比零都有。输赢不说年龄大小,看你棋艺高低,要思路灵敏度、细心加认真,也就是心灵眼尖,沉着冷静。李大爷眼不好使,还出手快,往往被对手贺大爷把主将"车"给杀掉,看不清,想不到,一着不慎满盘皆输。下棋要明白舍"卒"保"车",丢"车"保"帅"。有时"老帅"就要被吃掉了,贺大爷喊:"将军!"李大爷还继续走棋子。眼看不清,耳听不到。让在一旁观阵的老人笑声不止。

有老人大喊:"没'老帅'了还走棋?"

"哪里还能没'老帅'啦!"李大爷眼睛看不清却认真地说。

"你不看看你的'老帅'被老贺给杀死拿掉了,还在下棋?"

"没'老帅'更好,能走就行。这样不用怕他再'将军'了。"

老人下棋就这样子,高兴了比啥都强。高官不如高薪;高薪不如高寿;高寿不如高兴。下棋明知没走对,还固执己见。别人在旁边指指点点,这个说那样走,那个说这样走,到底怎么走,你越说他越不理你那一套。其实人多眼杂,说给他的也不一定是错误的,只是思路不同罢了,但他就是不肯改变。正所谓旁观者清,当局者迷。

下棋时要按规则走,"马"是要走日字的,"马"蹩腿是不能走的,即和"马"在一线上有棋子算为蹩腿"马",就不能走日字。但他俩就不一样了，偏要硬走，一个说你不能这样走，一个说："我的'马'是铁腿'马'。"

"那我的'马'就是钢腿'马'。"两个老人都不守规矩。就这样随心所欲，蹩不蹩腿都可以走。还说："棋是咱俩个人下，咱俩行，有谁还能说咱不行。"他俩从不计较结果，输就输，赢就赢，谁赢了也算，只为高兴打发时间，真是灵活机动，不受条条框框限制，为了高兴把象棋的规则套路也给打乱了。

六十五　老糊涂

汤大娘九十一岁时住进养老院，她刚来养老院时还能打打麻将，只是出牌有些慢，除耳聋外，脑子还够用，精神也还好，身体也没啥大病。两年后，和她同房间的老大娘发现汤大娘白天吃饭很少，晚上也不太睡觉，整天昏昏沉沉，走起路来无声无息，假如让她穿双高跟鞋，都不会与地面碰撞出一点声音，轻得像一片树叶掉落在水面上。

这年冬天，汤大娘一直念叨着说要回去，儿子怕她回家受冷，没有答应。汤大娘每日整理着自己的所有东西，牙刷、香皂，还有吃的各种药丸、药片等，再后来几天，便是扔东西及用具等，连同毛巾、袜子都扔进公用男厕所里的大便池内，自己房间的便池她怕堵塞不能用，她一会儿糊涂，一会儿清醒。其他老人都急得来找赵老头儿解决不能上厕所的问题。赵老头儿没办法，只能让员工去疏通又脏又臭的污水管道。对发生这样的问题，谁也没啥好办法。

有一件事，一想起来就让人后怕。一天傍晚，汤大娘和同房间的老大娘一起看电视，汤大娘突然拿起剪刀，把电视机上的电源线给剪断了。同房间的老大娘只顾看电视，汤大娘不声不响的动作已成习惯，电视机突然变黑，同房间的老大娘这才发现汤大娘手里拿着一把剪刀。这可把老大娘给吓了个半死，急得用力从汤大娘手中把剪刀夺过去。奇怪的是汤大娘怎么没有被电击到，还好好地站在那儿，老大娘低头一看，那剪刀把柄上套着塑料皮。已是九十三岁的高龄老人,假如触电身亡,儿女们怎么想?养老院虽签有协议,不在职责范围内,但如何防范这种意外?又有谁能够预料到呢!

汤大娘还有个五百瓦的小电饭锅,她也不怎么用。有一天汤大娘拿起电饭锅慢慢走出房间,来到院子里,然后把那个小电饭锅扔在院子当中,慢慢扭转身,还差点跌倒在地,晃晃悠悠回到了自己房间。其他老人帮她把电饭锅拾回去,先为其保管起来,等汤大娘儿子来时一并交代。老大娘们看着这位高龄老太婆的迷糊劲儿,也没什么灵药可治。观看着、感叹着,可能是同病相怜吧!唉!这人老了,也就是这么个样子了。

“我到她那个年龄还不知道糊涂成什么样子呢!”

“能糊涂到不分白天黑夜。”

几个八十多岁的老大娘都同情地说。

赵老头儿为此事,已经多次电话通知汤大娘的儿子,几乎一天一次,可她儿子怎么也叫不来,赵老头儿只能把话说得重些:“你母亲人可能是不行了,她不吃不喝,你什么时候才能来接她?”

“我也生病在医院里住院一周多。怕我妈知道,也没给你们说。”

“那就没有其他人了吗?”

“我姐姐已经去世两年,就没敢让我母亲知道,弟弟在外打工。只能是再坚持几天,等我出院后就接她回去,麻烦你们再将就几天。”

赵老头儿没法,只能告诉她同房间和左右房间的老大娘们,都相互照料点,又吩咐服务员尽量多担待几天。养老院受条件所限,收费也很低,要做到医养结合还真有困难啊!

几天后,汤大娘看上去又消瘦了好多,老是慢慢地像只病猫一样不声不响地行走，像是风一吹就要倒下去似的。

赵老头儿终于等到她儿子了，别人扶着汤大娘回去时，她说：“上哪儿？我哪儿都不去。”

糊涂得不知回家了。后来，左右房间的老大娘们把她扔出去的帮她收留的物品全部归还给她儿子。

有老人问汤大娘：“你今年多大年龄？”

汤大娘根本就听不见，只能看着你摇摇头。实际上她真的糊涂得忘记自己到底有多大岁数了，像水库边那棵两三搂的老柳树一样，自己不知道自己到底活了多少年，这或许就是平常人们所说的“植物人”，只有生命，没有灵魂和思维。

六十六　老来难

养老院的老人们在谈到自己儿女们的问题时，总是口是心非，心里想的和嘴上说的总不一样，这就是老年人的心理。心里对儿女有意见，但就是不愿意也不会当着别人的面说出来，反而还会在众人面前把儿女们夸赞一通。这人老了也会爱面子，更怕得罪儿女。最怕的是自己的话传到儿女们的耳朵里，特别是传到儿媳妇或者是女婿的耳朵里，那可就真要惹麻烦，“病从口入，祸从口出”这八个字谁都懂得。

俗话说：“捎东西越捎越少，传话儿越传越多。”老人们处处时时设防，尽量少说，生怕讲错一句，招惹是非。

滕大娘她们在一起互相谈论最多的话就是：“世上兴下了，这一辈一辈都是向下看重，向上看轻。不然怎么能把孩儿们抚养成人？怎么天天讲要孝敬父母，却还有人不尽孝呢？”

“怎么，孩儿们这几天没有来看您？”

“来了，来看了看我，刚刚才走。”

其实滕大娘的孩儿们根本就没来养老院里看过她，她这样说，是怕旁人说自己儿女不孝。这家丑不可外扬，只能打掉牙齿往肚子里咽，怎能说出去呢！这是老年人最苦、最难的心事。

“天下无难事，只怕有心人。”天下不是无难事，难事就是这人老了，人老有多难，再有心又能如何！

进入老年社会，老年人越来越多，入住养老院养老成了生活的时尚。日间照料中心、敬老院、养老院、老年公寓……这些养老机构,把老人们聚在一起,他们谈论、讨论总结出很多符合现实生活中的顺口溜,在朋友圈里你传给我,我传给你,广为传播。有一个老人退休住儿女家做饭、看孩子的感言编得朗朗上口:

是主人吧,说了不算;是客人吧,啥活都干;是保姆吧,一分不赚,买菜做饭,搭钱不算;志愿者吧,没人点赞;是厨师吧,老吃剩饭;是采购吧,自己掏钱;是老人吧,没人待见;早些起吧,怕把人家好梦打断;起晚些吧,怕耽误人家吃饭;做多了吧,只怕把东西作践;做少了吧,又怕肚子填不饱满;菜炒生了,自己咬不烂;菜炒过了,人家没口感;盐放少了,怕味道太淡;盐放多了,又怕太咸。我在抱娃,人家吃饭,人家吃完,我才吃饭。娃一闹活,嫌我吃得慢。饭一吃毕,狼藉一片,人家休息,我要洗碗。人家一走,要拖地板,腿疼腰酸,不敢偷懒。怕娃醒来,活没干完。人家在家,怕脸色难看,人家出门,又感觉孤单;出去串门,全都是生面。带娃上街,怕不安全。住在高楼,很不方便,上下楼梯,气喘腿软。洗衣勤了,怕说浪费水电,洗得少了,怕说没有卫生观念;穿得旧了,怕给子女丢脸,穿得新了,又怕太过扎眼。自己有病,不敢言传,怕给子女增加负担。儿孙有病,住在医院;担惊受怕,眼泪哭干。起得最早,睡得最晚,累死累活,心甘情愿。

还有一篇文章也写得不错,总结得非常精辟,很值得一读,有益于老年人借鉴:

我们年轻的时候,总觉得养儿防老,把希望寄托在儿女身上,到了老年才知道养老更多的是靠自己,靠与老伴相互关照,相依为命。

我们大半辈子为了事业，为家庭而忙碌活得很累。到了老年，会突然发现，人生短暂，老天留给自己的时间不多了，要抓紧时间做自己喜欢的事情，要高高兴兴快快乐乐地为自己好好活一把。

我们这代老人大多出身清贫，都有勤劳节俭的好习惯。但人老了，要想开点，不要把金钱看得太重，钱是身外之物，生不带来，死不带去，如果有条件要乐于助人，如果花钱能买到健康和快乐也值得。

我们年轻的时候，总把自己的分量看得太重。但到了老年，会逐渐明白，自己的分量并没有那么重，好像大海中的一滴水，非常渺小。地球离了你照常旋转，社会离了你照样向前发展。

到了老年，和社会接触越来越少，熟人朋友越来越少，你会感到越来越孤独和寂寞，你要学会自己安慰自己，要学会在漫长孤寂的黑夜为自己点燃一盏希望之灯，要学会在孤独和寂寞中生活。

到了老年，才真正体会到淡淡的生活很纯，淡淡的友情很真，淡淡的微笑很纯，淡淡的孤独很美，平平淡淡才是真，孤独宁静心亦醉。

到了老年，力不从心，久病缠身，会不可避免地想到死亡。其实，生老病死是不可抗拒的自然规律，我们应当坦然面对，笑傲死亡。

只要一生堂堂正正做人，问心无愧，就应该勇敢接受死亡，微笑着闭上双眼无憾地离开这个世界。

六十七 想高寿

罗大娘是农村人,老伴去世快二十年。她虽已九十四岁高龄,但耳不聋、眼不花,思路清晰,每天看看电视,能和其他老人愉快地聊天。虽也弓腰驼背,皱纹满脸、白发苍苍,行走要靠拐杖,但每天能把自己打理得干干净净,房间也收拾得整整齐齐。老人们都说她身体棒、精神好,活百岁没问题。罗大娘已有个满周岁的小玄孙,见到了她的第五辈人。问题是自己的五个儿女只剩下两个,罗大娘很担心再有点什么事没人管,这成了她最大的心病。

罗大娘七十多岁的大女儿,三年前因病去世,可这祸不单行,女婿也在半年后病故;大儿子突发脑出血病亡;小儿子五十多岁因车祸被夺去性命,媳妇也改嫁他乡。原来是五个儿女共同分担住养老院费用,现在只能由两个儿女来承担了。老天爷就是这样给你出难题,白发人送黑发人,不按常理出牌。每一个孩子,都是自己身上掉下的肉,能不心疼?罗大娘常对身边老人们难过地说:“唉!咋就不能换一换,让我先走呢?”

人生痛苦三件事,莫过于“少年丧父,中年丧偶,老年丧子”。长寿固然可喜可贺,但是免不了有短寿的子女。风烛残年的老人突然遭受丧失子女的打击,其心中的痛苦可想而知。可谁也没办法能保证长寿的基因辈辈相传下去。

一位大师说过,世界上最好的“长寿药”有四种:喝水、睡觉、走路、唱歌。“水”是长寿的第一要素;“睡觉”是天下第一大补;“走路”是最好的运动;“唱歌”是最快乐的娱乐。

人人都想长寿、盼长寿。穷人和富人,当官的和老百姓,高兴不高兴,都是凭自我感觉,就看你怎么去看待生活,只要拐个弯,大路朝天各走一边,事事处处无忧,就会感到欣慰愉快。话说有个百万富翁,隔壁住着个磨豆腐的小两口。虽说是“人生三大苦,打铁撑船磨豆腐”,但磨豆腐的小两口却每天乐在其中,一天到晚歌声、笑声、逗骂声不断地传到百万富翁的耳朵,富翁想我是愁得钱往哪里花,你穷小子倒比我还高兴!实际是穷苦人内心比百万富翁内心简单而感到幸福,没那么多烦愁之事,他们比上不足、比下有余,有饭吃有衣穿,知足常乐罢了。

六十八　享清福

毕大爷从小就没了娘，在旧社会里单靠他父亲一手拉扯大。没妈的孩子像棵草，毕大爷小时候受的苦难可想而知，缺衣少食，是一个没有福气的苦命孩子。

邻居的大娘、大爷们看到他可怜，总是说："这苦命的孩儿，不过小孩儿家受几年罪没啥，慢慢长大就好了，小时候遭罪，老了就有福了。"

有个大娘说："小孩有福不算福，老了有福才算福。"

一位大爷说："只有享不了的福，没有受不了的罪。"七嘴八舌地你一句我一句，在毕大爷幼小的心灵中埋下了幸福的梦想。他盼着快快长大，能好好地劳动，梦想着自己老了一定会享清福，会快乐幸福地度过他的晚年。

还真应验了小时候邻居老大爷、老大娘们的话语。毕大爷青壮年的时候娶了个能干活又贤惠、又心灵手巧的媳妇。两人在一起和和睦睦生育抚养了五个儿子，两个女儿。虽然又苦又累，但一家人的生活过得甜甜美美。中年时，毕大爷就已儿孙满堂，老年时福寿两全，老伴近八十岁时去世，毕大爷活到九十多岁。毕大爷是离休老干部，国家对他待遇优厚，儿女们对他都很孝顺。在毕大爷临终的日子里，儿女们轮流交替陪伴着他走完了最后一段人生路。毕大爷生病期间不能自理时，儿女们早上扶他坐起来穿好衣服，帮他洗脸刷牙，端水喂饭；晚上为他脱鞋洗脚，帮他解扣脱衣，扶着慢慢躺下，给他盖好被子，每天是干干净净的。晚上一躺进被窝里，毕大爷总是要长长叹一声，自言自语地说一句："我真是享福了，我这辈子真有福气啊！"

这样半年后，在一天傍晚，儿女们准备扶他起来喂晚饭时，看他睡着了，叫也叫不应，毕大爷从此再也没有醒来。养老院的老人们都说毕大爷是老死了，无疾而终，是个福寿双全的好人。但是，养老院里的老人，却不知道毕大爷可是一个小时候受苦受罪的人。

毕大爷的命运是小时候多苦多难，老时福寿双全，都说是因他有一颗善良的心。养老院的老人们就常常夸赞毕大爷说："您身体这么好，都九十多岁了，还没有见您生过什么病，连个头疼脑热的都没有。耳不聋眼不花，腰板硬朗腿脚灵活，这是您上辈子积了德呀！"

有上辈子吗？谁也不知道。但这一辈子毕大爷诚实守信，当了一辈子财务会计，管了一辈子经济钱财，国家的便宜他一分不占，从来不拿不属于自己的一分钱。为党和国家事业的发展兢兢业业，对工作认真负责，生活上勤俭节约，对自己严格要求，以苦为乐，乐乐呵呵幸福地过了多半辈子。

最大的福，是家庭的幸福。人生有多福，想开就知足；思量饥寒苦，饱暖就是福；思量孤独苦，友多就是福；福禄系于心，心正得大福。受尽苦中苦，享尽人间福。

六十九　没陪伴

老人怕孤独、寂寞，因为太安静了，一个人怎么都不舒服，总喜欢身边有人陪伴，梦寐惆怅、无聊的时间难打发，煎熬的一天竟如此之长。对失去老伴、腿脚不便、耳聋眼花的老人来说更是如此。多想有一个人在自己的身边陪陪啊！可要找个合适的人陪伴自己度过这最后的日子也实在是太难了。

儿女们都在忙着各自的工作和家务，孙子们都要上学读书。自己老而无用，只盼少生病，身体好，给他们少添麻烦，让他们都安心工作、好好学习。要做到这些，家庭养老肯定不行，所以住养老院便成了老人养老的首选。这养老院还真是个好地方，老人们住在这里，一是给儿孙们腾出足够的空闲时间，让他们把精力用在工作学习上；二是老人住一起改变了他们在家的孤独寂寞、单调的生活环境。不失为个一举两得、两全其美的好事儿。

正月初一，养老院南边的公园里的栏杆旁有位形单影只的白发老人在打电话，一打就是一小时，电话接通时满是欢喜，打完后只剩叹息。这与她身后喜庆、热闹的人群形成强烈反差。老人打电话时有喜有忧，有祝福也有叮嘱，问得最多的是“什么时候接我回家?”最无奈的是“忙不过来就等到忙过后你再回来!”放下电话，老人却只有忧愁。

几分钟后，老人再度按下手机键，可能接电话的还是刚才通话的儿女，老人不好意思地说:“打错了。”

手机就是这位老人的新年。她把手机收起来，缓缓起身活动了一下手脚，走到小道上，回到成群结队的人群中。

父母不是盼金钱和物质上的享受，是你们有时间的时候，带着孩子常回家看看，风和日丽的时候陪伴着去外面散散步，到老亲故邻那儿去聊聊天。

从另一方面讲，养老工作难做，陪伴老人生活更不易。他们吃喝拉撒难自理，行动迟缓，真不如幼儿园的孩子好管。

现代生活，手机成为打发时间的最好消遣，可老人们又没能力去享受，弄不懂，也用不来；况且眼花手笨，精力也不充沛，玩手机还真不如幼儿园的小孩儿们。

郝大娘现年八十八岁，生养两个儿子，她老伴不在世已有三十多年。大儿子退休后常来陪伴她，为不影响别人休息，专门给郝大娘包了房间。六十五岁的老人陪伴八十八岁的老人，更明白陪伴是多么重要，比吃药都有效果。每逢佳节倍思亲，对于老人何止“佳节”，他们时时刻刻想亲念故。别看他们平日里唉声叹气，一旦儿女来就一下子精神起来，一扫无精打采，立马满脸阳光喜笑颜开。

总感觉夜长梦多，睡眠少，质量不好，是多数老人的毛病，醒时容易入睡难，特别是单身老人，儿女的陪伴比一句“晚安”更为重要。如果老人生病住医院，期间如有儿女一直在身边陪伴照料，治疗效果明显能大大提升，这一点躺过病榻的老人知道。

七十　有报应

四十多年前，邬大爷风华正茂，和妻子每天只顾忙工作。那年代他们并没有星期日，一年三百六十五天，只有过大年（春节）才放三天假。不像现在有双休日，还有小长假、大长假。邬大爷爱讲过去的事，说起过去的事来就滔滔不绝。他身旁总是坐着三五个老人听他讲西游，可大都因耳聋又听不太清，全凭邬大爷天生有个大嗓门，才让他们能听懂个大概意思。

有一次，邬大爷讲到现在的人真是身在福中不知福，没有受过他们那一代人的罪。那时候县城里的小家庭，没有自己的房子，大都是租房住。住在十几平方米大的房子里，每月房租加水电费就得二十多元。每月工资也就二十八元，小两口合起来不足六十元，每月一家收入差不多一半付了房费和电费，想起来真是辛酸。

你看现在养老院里，来来去去的人们不是来看自己的父母，就是来看自己的亲友长辈。他们开轿车、骑摩托，风风光光，真比当年的县长还富裕。拿点吃喝，带上孩子常来看看，以孝敬自己的父母。但也有少数儿女把老人送进养老院后就很少来关照。

“这样总会遭报应的。”有老人插话。

“是吗？”有位老大娘问，接着又说，“报应不报应天知道。”

这下邬大爷的话匣子又被打开了，他接着讲：“我家在山里边的一个小县城，七十年代刚参加工作时，为上班方便住在城外一间出租房里。房东有一个六口人的家庭，上有一个年迈的老母亲，他母亲五十岁时没有了丈夫就一直守寡，对她的独生儿子如掌上明珠，这是她唯一的希望。孤儿寡母，含辛茹苦地把这个儿子拉扯大并娶了媳妇。几年后，又帮助小两口照看大三个孩儿，就是她的两个孙子和一个孙女。岁月不饶人，转眼老太太就七十多岁了，眼花耳聋，看不清、听不见，但她仍要为家里尽力做事。有天早上，早早起来为儿孙们做了一顿饭，为的是让孙子们按时上学、儿子上班不误点。可儿媳起来一看饭菜做得不如意，端起锅里的饭菜让邻居去喂了猪，把老太太气得一天没吃一口饭。还有一次，不知为什么老太太和儿媳妇吵骂起来，儿子正好下班回来碰到，就庇护着媳妇一起骂老娘，老娘气得说：'我去死了就清静了，你们好好过吧！'

"'你想死，就去死了算了！'

"没想到儿子竟这样回了他老娘一句。老太太听完这句话，就跑出门外，到路边不远处的一个水井要跳井寻死，幸好有几个人路过看到阻拦住，才没酿成不良后果。这件事在附近的街坊邻居中传得沸沸扬扬，还传到她儿子的工作单位让他颜面尽失，在人前抬不起头来。"

邬大爷还说："我那个房东老太太一辈子命苦啊！她老头子五十来岁去世，那年代，家里没男人，也不改嫁，带大儿子是多么不容易。到冬天她住的房子很冷，房子大又没个顶棚不保暖，纸糊的窗户西北风吹得哗啦啦响。生的火炉有时后半夜就灭了，到凌晨缸里的水都冻住了，那得有多冷呀！第二年冬天，她儿子把她安排到另一个小房子里过冬。老太太的眼睛越来越差，连儿孙们也认不太准，靠声音来判断是谁。儿子每天给她送三顿饭，老太太也吃不了多少。原来她住的大房子，那年冬天住进她儿子一家五口。这个不孝儿子在自己住进去之前，把顶棚糊得严严实实，也安上了明亮的玻璃,白天太阳晒得暖洋洋,晚上生的火炉子暖暖和和的,一家五口人住在里边真的是热热乎乎。我那时刚三十来岁,看到这个事情,心里老感觉不舒服。想这人对待自己的老母亲和对自己的老婆孩子怎么就有这样大的差距呢!”

谁家的儿女们孝顺,谁家的儿女就一帆风顺,老人就有福气。这大概是家和万事兴的良性循环。善有善报,恶有恶报。看来这天下的事情,还真的是百善孝为先。

七十一　痴呆症

老年人最没办法的是患上老年痴呆。如果是自己的父母患上老年痴呆，会像个傻小孩儿，但脾气不小，还经常瞎胡闹，做儿女的简直哭笑不得，毫无办法。

安大爷老两口都患有老年痴呆症，两个人都八十多岁了，这种病不会传染，可是两口子都成这个样子，那麻烦可真够大了，儿女们真是都要给愁死了！

这种病不但给儿女们带来无尽的痛苦和烦恼，也常常给别人引起许多麻烦和不便。安大爷的几个儿女轮流每天都得来养老院里照顾、喂药。他老两口每天除自己能上餐厅吃三顿饭，对吃药这件事，不仅记不起，更不用说要吃几片几粒，连一天吃几次也不明白，只认吃三顿饭，还是吃了下顿就忘记上顿是吃的什么饭了。两个老人一个比一个忘得快，只能让儿女来办这最简单但不省心的事情。因养老院是个县级养老机构，条件所限，还谈不上有护理护工，医养结合也只是在脑袋里刚转动起来，连纸上谈兵都够不上。要实现梦想，好事多磨还不知在哪年哪月。

这家养老院床位很紧张，外面登记排着队的老人数量不少。八十个床位，因有老人包房间单住着的，所以平时只能住七十几位老人，其中五个半失能，三个全失能，剩余的几张床位，不是被照顾父母的儿女们所占，就是被老人为自己雇的保姆所占用。多占床位是需要付费的，当然为让老人少受罪，这钱花得值。

安大爷老两口的老年痴呆算是不严重的,他俩能吃能喝,走路散步,来回活动没多大问题。只是不能走出大门外,出去可就回不来了。这由看大门的王大爷负责守护,王大爷只要看见他俩向外边走就喊:“上哪儿去啊?”

“你为啥只管我俩?他们都能出去,我俩怎么了,就这么不自由?”

“那你俩出去怎么就记不住回养老院的路呢?”

这时急得安大爷大声说:“记那有啥用,记住吃饭就行了,饿不死比甚都好!”

养老院的老人中,另外还有对八十多岁的老两口,老大爷痴呆,可老大娘挺有精神,记忆力特好,两老人互相照应,基本不用儿女们操心。他俩相依为命、形影不离,老大爷走到哪儿,老大娘紧随其后跟到哪儿。

大娘上厕所时,就告诉大爷:“你在这等我一会儿,我去去就来。”

“你要去哪儿?”

“上趟厕所!”

“哦!”

几分钟后,一位老人走过来问大爷:

“你老伴上哪儿去了?”是有意逗着他玩。

“她一会儿就来了。”所答非所问。

“我问你她去哪儿了?”

“她去吃饭了,一会儿就来了。”这回答真让人哭笑不得。

还有两个老大娘同住在一个房间,两人除个子是一高一矮外,都是八十多岁,都没有了老伴,又都患上了老年痴呆症。儿女虽然也隔三岔五地来看看，但他们也都有自己的儿孙，家务活多，都是五十多岁的人了，的确也是精力有限。这两位老大娘真是同病相怜，不是难兄难弟胜似难兄难弟。一个大娘，她的儿子本来好好的，她却常常说自己儿子被人给害死了，再也见不到儿子了，每天早上起床就哭哭啼啼流鼻涕擦眼泪。另一个老大娘在一边劝说："别这样，人都难免会遇到不幸，你可要想开啊！"这位大娘也真以为她儿子死去了，所以这样宽慰她。

过了一个月，这个大娘也同样以为自己的儿子死了，难道这病真的会传染吗？她虽然没有像那个大娘那样哭闹，可是非要去看看自己的儿子是怎么死的。可又没本事找到自己的家住在哪儿，让服务员帮她回去一趟，服务员告诉她："没有的事，你安心在这住好了。你儿子一会儿就来看你了。"

"他死了还能来看我？你们就骗我吧！"

没办法服务员只能给她儿子打通电话："你妈病了，来看看吧！"

她儿子住在县城里，距养老院没多远，一会儿真的来了。这大娘一见到她儿子："你来作甚，有事吗？回去吧！我好着呢！死不了，走吧！没事的。"

她儿子转身对服务员说："别管她，就这病，在家里一见不到我就这样，谁也没有什么好办法。每天老是丢东西，我只能一直帮她找东西。她的东西要放在什么地方，一扭身就忘记，什么都找不到，这病真的把我们给愁死了。"

七十二　留遗产

养老院里的七十多位老人中，大都对后事考虑得比较多，坟墓、棺材早已备好，甚至连寿衣都已买好存放起来，说不定哪一天自己就要“日落西山”，想要穿着整齐、体体面面地上路。多数离退休老人的养老金除交养老院外，仍然剩余不少。自己在世上不会再有多长时间了，这钱留给谁、留多少、怎么留、留下来又怎么分配，这是他们的心病：一是怕自己走后，留下的财产和物资分配不公，引起纷争，造成家庭不和，毕竟家和万事兴；二是怕现在分光吃尽，啥也没有了，儿女们不会再来看望自己；三是选择分点留点，能进能退，但又有谁能预知自己何日要离开人世？真是一辈子到什么时候都有什么时候的思前想后呀！

常大爷对四个儿女的分配是：每年在自己生日那天，儿女们来给他过生日时，在饭店里热热闹闹结束后，直接把自己一年结余的四万元，分发给儿女每人一万元。有时候还剩少部分，就分给孙子们一些。这样总不用担忧以后孩子们为财产争来争去失去和气。

与常大爷不同的是快九十岁的另一位老大爷，一分钱也舍不得给儿孙们，就是自己也舍不得花一分，还常常捡废品变卖存钱。他是一位离休老干部，每月领取离休金六千八百元，交养老院每月八百元。他有条件包房间，但他舍不得多花那三百元。儿女们都拿他没办法，只有随着他来。他除耳朵听不到一点声音外，其他方面没多大问题，头脑清醒，生活还能完全自理，银行卡经管得认认真真，取款的密码记得清清楚楚,就是舍不得花。

儿女们想,要是有个三长两短可怎么办,到底有多少钱,该怎么处理,又不好和他讲明白。但儿女们心里谁都清楚他们这位老父亲所积攒再多的钱,迟早都归他们所有,包括房屋资产,去时全都带不走。

养老院院长赵老头儿发现他铺的盖的和日常物品用具已经破旧得不能再用,但他还要一直使用。儿女们的小日子都过得很富裕,根本用不着他的钱。赵老头儿知道他耳朵失聪,但眼好使,文字水平也行,就给他写了好多话来引导,想让他好钢用在刀刃上。说共产党领导咱过上好日子,如今要给新时代增光添彩,看你现在的生活用品像个乞丐,咱虽是艰苦年代过来之人,知道“一粥一饭,当思来之不易;半丝半缕,恒念物力维艰”,但赶上好时代,咱不浪费就是了。再苦了自己的晚年生活不值得,要该吃吃该花花,老了也该享几天清福了。可是这位大爷看后,仍然无动于衷,该怎么还怎么,依然故我。

七十三　行动慢

八十三岁的乐大娘和老伴住进养老院有一个月了，刚来时还能慢慢走着去餐厅吃饭，虽然两腿抖抖颤颤，但还能勉强坐在饭桌前。可近几天，再没见她来餐厅就餐，而由和她同岁的老头子吃完饭，顺便给她带回房间。几天下来，老头子腿脚也不好使，爬高上楼闹不好连饭带碗都摔了。只好付费让服务员一天三顿将饭送到房间，让老伴吃喝。两个儿女工作忙，也只能来看一眼就匆忙地离去。院长赵老头儿倒真想见见她的儿女们，问一下乐大娘到底是有什么病，是否有必要雇个保姆来伺候，毕竟年龄大了，要是雇个保姆照护着一定会好些。

有一天，总算见到了。可女儿的回答让人感到意外："去医院检查过，医生说她没有什么病，只是缺钙，缺少锻炼。可让她锻炼，她说浑身无力，就是不想动。"

"哦！是这样。"赵老头儿没话说，并没啥好办法能解决她家这件难事。

有一次乐大娘在楼道里扶着墙上专为老人设的手扶护栏来回走动。只见她一手扶住护栏，一手还拄着拐杖很艰难地一步步挪动。赵老头儿便问乐大娘："您只扶着栏杆还不行吗？"

"不行，我怕栽了跟头。"

"您可以试试，如果能行，就一手扶着走比较好些。"

"我试过，跌倒了几次，不过还算走运，幸好没有骨折。"

“那您没有去医院里好好检查检查,看是什么问题?”

“去检查过,医生说没什么病,说是人老了,各个器官都衰退了,唉！没办法啊!”

就说那天,赵老头儿去城里办完事,从街上返回养老院时,远远看到乐大娘在前边走。前面要路过一个铁道路口,道口的铁轨两边虽然有水泥和钢板铺平,但是两条道轨上有凹凸不平二三十厘米宽的缝隙,要是一般人很容易就迈过去了。可是对乐大娘这样的人来说就是件很不容易的事。她两腿打颤,抖得抬不起脚,左右两只手虽拄着两根拐杖但使不上劲。她的女儿站在前边一两米的地方瞧着,乐大娘把右边的拐杖靠在身前,抬起右胳膊向女儿摆手示意,想让女儿走过来扶一把,可女儿原地不动,只是瞧着,就是不过去帮她一下。院长赵老头儿看在眼里,着急得快走了几步,喊了声:“你赶快过去扶她一把吧！要不她就快要跌倒了!”

“不是,我想让她锻炼锻炼。”

“什么！啥年龄了,这是什么地方让她锻炼！跌上一跤,摔个骨折,你们可就麻烦大了!”

听此话,她女儿一惊,才立马扶着乐大娘,慢慢走过铁道路口。赵老头儿和她娘俩相跟着,一边走一边说道:“不是我说你们,这人都是到老了,才懂得这人老有多难,现在你妈她还没有坐到轮椅上,你们已经省心多了,这时你不上去扶她一下,如果弄不好摔成骨折,她受罪,你们当子女的也不消闲啊!”

老人摔倒骨折很常见。不像小孩子,学走路时,摔倒了爬起来,再摔倒了又爬起来,也不容易摔成骨折,而且是越大越矫健。这和老人正好相反,老人的骨头是又干又脆,像老树的枝干一样,已经没有一点韧性,一跌倒就断裂,一断裂就很难愈合。在同一件事情上,八十多岁的孙大娘的儿女们做的就不一样。因孙大娘有腿疼腰疼病，她的子女和孙子孙女都时常来看望，总要搀扶着她在院里走走，生怕她跌倒再也站不起来。“锻炼”二字就不是给大多数八十岁以上老年人说的话，正常情况下要说散散步还是可以的，当然也会有特殊者例外。

老人的身体好与坏和锻炼有关系，也没太大关系，这要根据自己的身体需要因人而异。身体健康的人越锻炼越壮，越健康越锻炼。身体虚弱的人再锻炼也不行，他就没那个能力和精神去锻炼。像爬山、跑步、游泳、骑自行车这些有益的运动就不行，量力而行适当运动还可以，这就是老年人的特征。

七十四　大便难

养老院有个马大爷一次尿不出病犯了，憋得他大汗淋漓嗷嗷叫，要不是到医院插上了一根导尿管，还真活不了了。

咱先不说小便，于老爷子八十多岁，和金大爷在一起说自己每天大便的困难，每上一次厕所蹲半天，直憋得头昏脑涨，脸红脖子粗，也解决不了问题，生怕哪一天憋出个脑出血来。吃点什么通大便的药吧，吃少了不起作用，吃多了又会导致拉稀，来不及上厕所，直接排泄在裤子里了，弄不好还会蹭在被褥上，又臭又脏丢人啊！

金大爷说："你用上开塞露就可以解决问题了。"

"开塞露？"

"对，开塞露。"

"好用不好用？"

"当然好用，咱养老院的老人们几乎都用它，不分男女。"

"怎么用？"

"你去买药时问一问嘛！"

"你给说说还不行？"

"这是大事，你得听医生的。自己也可以看看说明书和注意事项，不就明白了嘛！"

金大爷不说，实际上是金大爷也记不太准，其实开塞露是种非处方药，正确的使用方法也很简单。养老院的老人大都是由儿女们给他们买来的,在便秘严重的时候自己方便使用。

章大爷大便干结,有时大便结束后,按下坐便池的按钮后,大便和水慢慢旋转着不能很快冲下去,下水道让干硬的粪块给堵了。没办法他只好拿上自备的一根小塑料棍去捣弄碎,再去按一次坐便池的按钮,这才缓慢地由慢到快冲下去。

有的老人三天或者五天都不大便一次,他们总是在交流便秘的解决方法。有的说多吃水果、蔬菜好,也有的说多走路、活动好。比如尤大爷走路效果好,而华大爷喝蜂蜜水效果好,谢大爷则是按摩小肚子效果好。但不管用什么方法也只是解决一时之困,都没办法使大便正常。尤大爷每天走路,有时起作用,有时也不怎么奏效。人老了便秘是自然现象,反正没工作了不用担心耽误上班,在坐便器上多蹲一会儿,用尽周身气力,闭气使压,实在不行,也就只好提起裤子来干脆作罢。等过几天便意大了,实在憋得慌,再坐在坐便器上,仍然是吭吭吭地压不下来。到这个时候,只能用上开塞露来开通了。

想起那年清明节期间,养老院维修厕所的污水管道。赵老头儿发现化粪池内有很多开塞露的塑料小瓶儿,这东西多了弄不好会把下水排污管道给堵塞。他提醒老人们千万别把开塞露的小塑料瓶随手丢进便池内,建议尽量少用开塞露,因为它是一种刺激性泻药,长期使用会导致依赖性,造成排便更困难,应改变方式,养成健康的大便方式。

七十五　要潇洒

老年人没了工作，上无领导，下不是员工，自由自在，无拘无束，想怎么就怎么。农村的老人们虽然没有“退休”一说，但等到重活干不了了以后，也就只能看看门和看看孙子，待孙子长大上学了，儿子也外出打工了，这农村老人也算是“退休”了。但不管你是城里的还是农村的，老了就是老了，除了做些力所能及的事情外，其他都开始将就了。但将就不等于自由，尤其是生病卧床，吃饭自己端不到嘴边，拉屎拉尿要别人帮忙，要得个脑病怕连说话和活动都不由自己。老年人必须得有个健康的身体，但老年人有几个是健健康康的呢？因此，老年人是自由啦，是随便了，但是谁都不愿意当老人，也不想去过老年人的生活。

傅大爷现年七十五岁，退休工人，虽退休金每月三千多元，但没儿没女。本来他老婆孩子都有的，只是自己命运坎坷，三十多年前因故离异，老婆还带走了孩子，孩子到后来也半路夭折。傅大爷从此再也没有娶老婆，单身一人四十年。没责任、没负担，轻轻松松，自由自在半辈子很快就过去了。现在他仍然是一人吃饱全家不饥的自由人士，并且身体健康，隔三岔五地还跟团外出游玩，这成了他的主要生活方式。他生活有规律，每天行走上万步，是徒步协会的优秀会员。他整日开心无忧，住在养老院里吃穿不愁，自己的钱自己花，逍遥自在。但是也有人为他担心以后怎么办。谁也不知道自己以后会得个什么病，更不知道自己怎么个死法。如若长期瘫痪在床，四肢不那么听使唤了怎么办？

傅大爷倒是想得开：“车到山前必有路，我只想眼前怎么快乐就怎么来。人老了，想那么多有啥用，人活七十古来稀嘛！”

他的人生态度就是，只要有健康就什么都有，我会一直这样自由自在过好每一天。

有人说一辈子各个年龄段有十大“一个样”：

10 岁前，随便与不随便一个样；

20 岁后，外地与故乡是一个样；

30 岁后，白天与黑夜是一个样；

40 岁后，有没有学历是一个样；

50 岁后，漂亮与不漂亮一个样；

60 岁后，官大与官小是一个样；

70 岁后，房大与房小是一个样；

80 岁后，钱多与钱少是一个样；

90 岁后，男人与女人是一个样；

100 岁后，起不起床是一个样。

但须知无论何时，健康与不健康绝对是不一样的。

傅大爷为了健康，习惯把走路放在最重要的位置，有时糊涂得不分白天黑夜随便想走就走。为这件事门卫王大爷很伤脑筋，养老院规定开关大门是有时间的，夏天定点早上五点开，晚上十点半关。可傅大爷凌晨三点时就喊叫要开大门，说要出去锻炼锻炼，不给开门他就发牢骚，意见很大。

院长赵老头儿告诉他这样违反养老院里的制度规定，他说：“那你说我是住监狱的犯人,没自由了?”

“不是没自由,是你太随性了,想怎么就怎么,那还能行!你七十多岁了,黑天摸地的,假若你出去跌倒或遇个意外事故,我们养老院负担不起这个责任,你知道吗?”

“那我怎么办,还不让我出去锻炼?”

“在院里同样能走路,也是锻炼,转一圈200米,和其他老人一样,想转几圈转几圈,你都随便来。”赵老头儿说得傅大爷哑口无言,低头离去后,再也没有起大早喊叫着开大门了。

傅大爷还有一个随便就是随便吃吃喝喝。常常去外面的饭店来上一顿,随随便便是他的老习惯,说多少次都无效果,当面说他,他从不辩解还口:“是是,今后一定改正,咱决不再违反规定。”

随后该怎么还怎么,平时手里老是提溜个食品袋,里面经常装满各种水果,见人就拿出一个来:“来来来,吃一个,品尝品尝怎么样。”

已经去世几年的冯老汉和陈老爷子,都是八十多岁的人了。前几年,在养老院里随便得让人难以接受。有时会不穿衣、不穿裤,赤裸裸地就走出房间,在走廊里来回晃荡,不知羞耻。老大娘们看到,有时来不及躲避,不敢正视一眼。这个冯老汉有时尿憋不住了,就在走廊里随便起来。

院长赵老头儿虽然早有听说,但他从没有碰到过,也不好去说,你说他,他也不会承认,更不会改正。老人大多把自己做过的事忘得一干二净,你问他,他反而还问你:“我还会有这等事?”赵老头儿只能等到他儿女们来了告诉他们。其实儿女们也是毫无办法,他们哪能管得了自己的父母,管得了精神失常的行为呢!所以只能让他们这样随随便便了!

七十六　度晚年

有人说，年轻时有福不算福，到老了有福才算福。因为年轻人，体健力壮，重担挑得起，敢迎着困难上，累了睡一觉什么事都没了，仍然朝气满满。老了就不一样了，打个哈欠也能折了肋骨，喝水多了害怕起夜，吃饭时没胃口，走路腿不灵，坐着身上发困，躺倒又不想睡。如果到这个时候，你吃饭有人喂、走路有人扶、被褥有人铺、衣服有人洗，把你照顾得舒舒服服，这些对年轻人来说也许会多余，而对老人来讲那真是享福了。人到晚年，正是需要有人帮扶的时候，老了不受罪那才是终生期盼的晚年生活。“老了有福才算福”真的一点也不假。

人常说，前三十年看父敬子，后三十年看子敬父。八十三岁的皮大爷跟雷大爷闲聊说，东家儿女好，西家儿女孝。说了一大堆，雷大爷接过话题：“别净拣好的说，我年轻时也是我父母的好儿子，很孝顺我的父母。可现在轮到我，儿子就不懂得孝顺我。”

“我看你的儿子也不错啊！挺孝敬你的。”

“比起我孝敬他爷爷来还差些。”

“那谁见过，你自己说说我听听，咱们年龄相当，我都没见你好不好，你的孩子们能见到你年轻是个什么样子？胡扯吧！”

“我年轻时当然是个很帅的小伙儿。”

“可惜他们都没见过，见过也记不得了。看见的是现在这个糟老头儿。如今能对你知冷知热就已经不错啦。还想让他们像养他的儿子那样养你呀?”

“唉！可倒也是啊,老人无多大用处,就别想当年了……”

他俩唠着唠着就跑了题,雷大爷压根儿也没说清他年轻时是如何孝敬自己父母的。皮大爷聊兴未尽,雷大爷欲言又止,两老头儿两眼相对,互相看着对方的老脸,顿时哈哈大笑起来。

人生苦短,岁月悠悠。人生一世,无论成功与失败,欢乐痛苦,盛衰荣辱,都如行云流水,一去不返。

随着时间的推移流逝,物在变、人在老,太阳也有落山的时候,但明天还会在东方重新升起,太阳每天都是新的,人就不一样了,一旦身赴西天,就再无归程,还是过好活着的每一天吧！

幼年再不幸福,也是被母亲搂在怀抱温暖着,吃着妈妈的奶水慢慢长大。有妈的孩子是个宝,只是婴幼儿的事情谁都不会记起来。

少年是花季,如花蕾含苞待放。人见人爱,活泼可亲。父母呵护如掌上明珠,心肝宝贝,咋能不幸福！

青年时代茁壮成长,像早晨八九点钟的太阳,人强马壮,年轻有为,敢想敢闯敢干。娶妻生子,处在人生的黄金阶段,个个羡慕。

中年时期,如日中天,儿成女就,可享天伦之乐。但是上有老下有少,有欢乐也有忧愁。人到中年不容易,只感觉时间过得快,不知不觉步入晚年。

所以说要善待晚年的自己。

从呱呱坠地到两鬓染霜,岁月的行囊里装满了酸甜苦辣。接下来在夕阳的路上能走多远取决于我们的体魄和心态。不要怕被周围的人遗忘,随着时间的流逝,无论平民百姓或是帝王将相,最终都会淡出公众的视线。美国前总统克林顿卸任后,放下身段东奔西走,频繁到国内外进行演讲。所得收入不仅付清了过去打官司欠下的费用，还偿还了华盛顿和纽约两处住宅的贷款。世界是自己的，曾经的岁月里，每个人都会有大小不一的光环，但这光环已是过去，当光环褪去，面对的都是柴米油盐。我们曾如此渴望命运的波澜，到最后才发现人生最美妙的风景，竟是内心的淡定与从容。我们曾如此期望外界的认可，到最后才知道，世界是自己的，与他人毫无关系。杨绛先生如是说。

不要满怀焦灼期待子女们常回家看看，夫妻也好，父母子女也罢，不管是怎样的水乳交融、心心相系，每个人都是生命的独立体。因此我们要学会在孤独的时候给自己安慰，在寂寞的时候给自己温暖。老要有老的风骨，老要有老的优雅，正如春华秋实，四季轮回，各有风采。愿我们保持一颗宁静的心，少一些期盼，多一些宽容，宠辱不惊、去留无意，微笑向前。

老了，人老了指望谁？自己、自己，还是自己。有一个自己的窝，不到死时千万别丢；有一个老伴，好好相伴；有一个好身体，自己保重；有一个好的心态，自己快乐！

六十至七十岁，身体还比较好，喜欢吃啥就吃一点，想穿啥就穿一点，爱玩就玩一点。不要再苛刻自己，这种日子不多了，要把握住。钱把住一些，房子留住，把自己的后路退路都安排好。孩子经济条件好，是孩子的努力，孩子孝顺是孩子的感恩。我们可以不拒绝他们的资助，不拒绝他们的孝敬。但是，还要靠自己安排好自己的生活。

过了七十岁没病没灾还能自理，虽然没有太大问题，但要知道真的老了，体力和精神都会不行的；反应会越来越差，吃饭要慢，防噎，走路要慢，防跌，不能再逞强，要照顾好自己！不要再去管这管那、管儿管女，有的还去管一管第三代，管了一辈子，该自私一点，管管自己!

一切都要悠着点,帮助打扫打扫,把自己的健康状态保持得尽量长一些,不求人的日子总好过。

身体不好了,要求人了,这要有所准备。绝大多数人逃不过这一关,心情要调整好,要适应。生老病死人生常态要坦然对待。这是人生最后一段,没什么好怕的,早有准备就不会太难过。或是进养老院或是居家养老,要量力而行,酌情而办,总会有办法。原则是不要磨子女,不要给子女心理、家务、经济上添加太多的负担,自己多克服一些。过来人什么苦没尝过,相信我们会坦然地度过人生最后的旅程。

俗话说得好,会理财就不穷,有计划就不乱,有准备就不忙。身为老人预备军的我们,是否做好准备了?只要事先做好准备,以后就无需忧心。

七十七　过春节

小家、大家，人家、国家，你知道是个家，就应该敢于担当。担当抚养后代的责任，担当赡养长辈的义务。老年人诉求并不多，只图生活幸福、健康快乐。这个愿望达到与否体现出社会保障体系的发达程度。如果老人不健康、不幸福，对一家人来说，这是一个有失和谐的家庭；如果对老人照顾得无微不至，让老人在最后的日子里能幸福，这才是一个和睦幸福的家庭，让人羡慕赞扬。对下一代有道德、知礼让、有爱心的言传身教，直接使孩子在幼小的心灵深处受到良好的影响和教育，让一代比一代知道孝敬和赡养自己的爸爸妈妈，构建和谐社会才不会成为一句空话。

春节就要到了，儿女们大都是要把自己的父母从养老院接回家过年的。可是多数老人又不太情愿：一是住养老院的时间长都习惯了，生活有规律，吃饭照点开，娱乐有场所，热闹开心快乐；二是在这里没有儿孙们的吵闹，安静自在，老人们在一起话家长里短，开玩笑逗闹取乐；三是在这儿住着啥心不用操，无拘无束，好赖都自己打理没人抱怨，不误一天三顿饭就行，要是回到家里住几天，还真不太适应。长时间在家里住着，影响自己的生活习惯，也影响儿女们上班、孙辈们上学，两不方便。

卞大娘和老伴汪大爷在养老院里生活三年了，每年都不愿意回家,却又每年都得回去。人老了,都是儿女们当家,不回不由你,何况是过年。一年就这么一个大团圆,不回去也不好。老人过一年少一年,平日里儿孙们上班的上班,上学的上学,根本没这多余时间,这可是黄金节假日啊!聚会团圆,走亲戚拜年发压岁钱,热闹啊!卞大娘八十六岁,虽然身体比八十七岁的老伴差些,但是头脑要比汪大爷清醒,两个人基本都能自理,有时候在养老院的活动室里还能打打麻将,就是在每次回家过年的问题上意见不一。卞大娘说:"儿女们来叫咱时,咱就回家住几天吧!"

"不回!回哪个家?儿子?女儿?还是咱家?去儿子家,女儿有意见。去女儿家,儿子有意见。儿女们的家,又不是咱自己的家,咱哪儿也不去,就在养老院里过春节。他们要来孝敬,就来养老院给拜个年。"

"那就轮换,一年去一家还不行吗?"

"要是轮换了两年,到第三年咱不知还在不在世。"

"那就更得回家过年,高兴一天算一天,团圆一年是一年。"

还是卞大娘说了算,春节他老两口回老家过了三天,第四天他们就回养老院了。还给其他老人说:"还是咱养老院里好,回家只能住这三天,三天里高高兴兴,团团圆圆,幸福美满,真是太热闹了。可要是住多了,时间长了,咱顶不住,那可就要受累了!"

大年初一,养老院有些老人的儿女们早早就接自己的父母回家。等过了初一,有的熬过破五,老人们陆续回到养老院,也有少数儿女让老人连着过完元宵节后,再送老人回来。多数老人在春节是不回家的,只是大年初一早晨,在养老院吃过饺子,到了中午,子女们叫上自己的父母去饭店或酒楼团圆,品尝十几个菜,再来上一张全家福。所以每年大年初一,养老院里 70 多个老人,中午只剩十几个老人，这是一年里，中午吃饭人数最少的时候。养老院里，春节中午饭再好，也没有几个老人吃。中午一过，大家就都又返回来了。晚上只能喝粥了，红枣配绿豆自制自煮八宝粥，解渴又解腻，让你喝了一碗还想喝。

“过年回老家，怎么这么快就回来了？”马大爷问范大爷。

“过去回家是想妈，现在咱都八十岁了，爸妈都没了，家也就没了，只有那座房子和院落了。如今这养老院就是咱的家，都是老人嘛，是老人之家。”

“说得也对，家和房子本是两回事，有妈才有家，现在没妈了，房院空空，儿女们各自成家，老地方自然淘汰。”

小时候，家就是妈，妈就是家，没有妈哪儿有家。说是要回家，其实是找妈。妈妈在哪儿，哪儿就是家。妈妈不在，哪儿都不是家。长大后，还是觉得妈就是家，家就是妈。没有妈，哪儿来家。闲来说是想妈。进了家，先喊妈。喊不应，去找妈。看见妈，算到家。人到最难处，总是想回家；人到最苦时，总是先想妈；人到最无奈，总是先喊妈……一辈子了，忆忆想想，哪里是世界上最美好的家？让我们大声说，妈妈！只有您那温暖的怀抱，才是一生中最感安全、最幸福的家！

七十八　出院后

齐大娘单身，刚到七十岁。因患癌症在市医院做了手术，经过放、化疗后，身体已经很虚弱，需要好好休息一段时间，身体才可以恢复。在此期间，去医院、回家、办住院、再出院，这样重复往返了七八次。过了半年多，治疗才基本结束。

最后一次出院时，回谁家去住，成了儿女们的难题。齐大娘有两个儿子，两个女儿，有人说："从老大家开始，一家一个月，轮流住。"

也有人说："先去女儿家住，让女儿负责伺候。儿子只承担老人享受医疗合作后的自付费用。"

在四个人意见达不成一致的情况下，他们决定让母亲自己做主去谁家住。齐大娘并不了解儿女们都是怎么想的，自己有病需要调养，只好说去谁家也行，谁管算谁，把决定权甩给儿女们，再也不提此事。眼看齐大娘将要出院，大儿媳沉不住气了，问婆婆："妈，这次出院后，一段时间不会再来医院治疗了。您说咱去谁家住好？"

"你们说吧！我去谁家都行。"

"那您就先去闺女家住几天？"

"不！我哪也不去，就去你们家住，就你们家里好。"

齐大娘不给大儿媳妇留一点拒绝的余地。齐大娘心想：你们倒能躲清静，这段时间我两个女儿从家里到医院，跑前忙后，端吃端喝，已经麻烦两个女儿不少了。你怕我去你们家拖累你们，我还就非得去，也让我两个女儿歇一歇。

齐大娘一辈子心直口快，说一不二，个性要强。大儿媳妇瞟了一眼同病房的其他病人和家属，无奈地应允下来。

大儿媳和儿子给齐大娘办好出院手续，打点好行李，扶齐大娘下了病床，然后离开医院，返回大儿子的住处，这一住就是半年。

半年里，齐大娘虽说是养病，但她是个闲不住的人，更不想让儿媳妇对自己说三道四，嫌自己拖累他们，所以尽力帮助他们做些家务，切菜、刷锅洗碗、打扫打扫卫生。可总是一不小心就会碎碟打碗，损坏家具用品，这让儿媳妇很是烦恼。看在婆婆是个病人的份儿上，又不好说什么。有一次，齐大娘去打水想洗脚，不知怎么一下晕倒了，手里端的一个塑料盆摔破了，洒了一地水。还有一次，坐凳子时一屁股下去，凳子没坐上，放在后边的一个洗脚盆却遭了殃，被齐大娘坐了个正着，碰得瓷掉落了一地，把儿媳妇着实吓了一跳。从此，儿子和儿媳妇说什么也不再让她做任何家务活，洗脚给她打水，吃饭给她端碗，并告诉她："妈！您是病人，以后可别再做什么活了，我们来伺候您！您可千万别再跌倒什么的，万一有个三长两短，又得去医院。"

"好！以后听你们话，不做了。"

齐大娘自那以后，真的什么也不做。每天早起晚睡，看看电视，过上了衣来伸手、饭来张口的日子。即使这样，可时间一长也总感到不是滋味。

说起在县里的那所养老院来，就是讲过扑克牌的那个老大学生雷大爷，他还写诗词赞扬过养老院，并登在养老院的黑板宣传栏内。题目是《老人有个好地方》：

一

养老院里风光好，亭台楼阁树成行。月季牡丹颜色浓，蜂飞蝶舞恋花忙。人在其中心儿醉，花香阵阵沁心房。

二

养老院旁西子湖，鱼跃浅底碧波荡。岸边杨柳映平湖，微风吹来影断肠。林中鸟儿叽喳叫，扑扑棱棱飞他方。

三

铁道马路门前过，走南闯北多便当。北上天津和北京，南下旅游到苏杭。大好河山看个遍，人活一世也值当。

四

养老院里有戏房，笙箫笛管一齐响。男扮女来女装男，生旦净丑全行当。花脸嗓大气又壮，小旦声儿细悠长。众人看了齐说好，妙哉妙哉不平常。

五

棋牌室里玩麻将，七旦一碰哗啦响。扑克摔得 A Q K，对方瞪眼没主张。楚河汉界战犹酣，马踩车来重炮将。征战半天没结果，只因旗鼓两相当。

六

养老门前小广场，冬晒太阳夏乘凉。老人站坐排成行，访西游来话家常。有声有色谈国事，也访嫦娥奔月亮。

七

养老院把老人养，七瘸八拐一大帮。奶奶穿红又挂绿，爷爷擦得皮鞋亮。心投意合黄昏恋，排排场场住一房。移风易俗好社会，不理他人论短长。

八

雄鸡一唱天下亮，歪诗败句快写上 。写在纸面晒上墙，问君你看怎么样？

在齐大娘住大儿子家期间，有养老院的同龄老人来看齐大娘，闲聊中说起他们在养老院如何如何的自在快乐，说得齐大娘动了心，琢磨着还不如去养老院里住，快活几天算几天。于是就同儿媳妇和儿子说出此事，没想到的是他们二话没说满口应允了，大儿子两口征得妹妹们的同意和支持，就把齐大娘送进了养老院。

齐大娘跌倒了两次，弄坏几个杯碗瓢盆，反而把儿媳和儿子弄得孝顺了，还真是歪打正着。不管真心还是无奈，反正齐大娘自己生活有了依靠，过得更称心了。

七十九　办后事

养老院里面的床位很紧张，外边又有不少老人排着队等着。老人这最后的时光里都想能清闲过几天算几天。住进养老院的老人，又都想着以最慢的速度去登阎王宝殿。虽都得排队，但截然不同的是：住养老院都想插队尽早几天能住进去；住到里边的说是要到“极乐世界”又想排不上队或者是掉了队，尽力能延迟几年算几年。有时间安排好自己的后事，盼望后代没有纷争，和睦相处，兴旺发达。

老人在安排后事上各不相同。有的对那个永久的“家”修筑得好坏特别在意，总要亲眼看着，一手操办，把自己的阴宅修得有模有样，还要准备好自己的寿衣、棺材，这些都得合心合意；有的老人却不在意这些，人都死了也就无所谓了，土葬也行，火葬也罢，在国家政策的范围内，全由儿女们来定夺。只注重自己活着快乐的每一天，认为反正死了就什么也不知道了，真没有修筑豪华坟墓的必要。

一个家庭是很复杂的，老两口都在世还好说，丢下一个另一个也不会好过，但这事难以预料，相随一起上天堂又是不可能的事，只能孤独地想念着已经去世的老伴。也有老伴病重时，忙于给那一半准备后事，但后事准备好了，自己倒患急病先撒手人间了。除寿衣自制一套外，夫妻俩大都是合葬墓，所以墓穴、棺材都还可以用上，如同是自己给自己准备的一样。

办后事,是人一生特别是后半辈子中的一件大事情。康大爷七十八岁,他育有一儿一女。五年前,老伴患了脑梗死,康大爷成了医院里的常客,从医院到家里,再从家里到医院,来来回回地折腾,老伴一年比一年难以自理。康大爷费心竭力地照料伺候,很是吃力,身体也是一年不如一年。两个儿女都忙于工作,照顾老伴的担子基本上由康大爷一个人承担。康大爷还有一个没了的心事,就是家庭房产没有给他的儿女分好。他有两处住宅,一处是农村祖上留下来的老宅,足有半亩大;一处是县城里150平方米大的住宅。康大爷一直想着多让自己的儿女回来给他们的母亲尽尽义务,也能多陪陪自己,他想着儿女们,可儿女们想着各自的工作,不一定挂念他俩。康大爷心中又一直惦记着这两处住宅没给他俩分开,这成了他心中唯一的愁事儿。以他自己看,怎么也不如趁他有这口气在,提前把两处房产给分开,免得以后姐弟俩出啥麻烦。现代讲究男女平等,女儿实际比儿子还孝顺,但康大爷不怪儿子不孝,怪只怪自己的儿子没娶回个好媳妇儿来。儿子当不了儿媳妇的家,这家现在是儿媳妇说了算。

"可这祖传下来的房产就由不得她了,得我说了算。"

康大爷老伴的病是顽症,精神愈来愈差,意识迷迷糊糊。医院医生也没有什么好办法,去另一个地方只是时间问题。康大爷想先送老伴"走",自己排队等几年再走。人常说老两口谁先走,谁有福,"她比我有福气,我这几年伺候着她,总还能耐着性子来,让她尽量少受罪"。可没想到的是,康大爷自己一天夜里一口气没上来,接着就脸色一紫,头一歪,人就不行了……分房的事也就泡汤了,当然他说的话也就不算数了。

养老院的老人们说:"唉!人呀人!人算不如天算。"

“康大爷一辈子能说会道，能写会算，可就是算不准自己哪天要走。真的是说走就走，谁也留他不住。”

这世事真难预料，昨天康大爷还和他的老伙计们一起讨论着各自的后事，特别对处置房产问题都有啥好经验、好做法。交流讨论过之后，还没想出个子丑寅卯来，突然地就扔下卧床不起的老伴，和他的老伙计们永别了。

八十　一辈子

常说人活七十古来稀,这已经是挂在嘴边的说法。如今八九十岁的人比比皆是。但养老院七十多岁的伍大爷,虽说已是古稀之人,在养老院中也只能算个小弟而已,他因肺癌晚期,没敢再去做手术,儿女们只是进行了保守治疗,这不,半年之后就去了。而十年前碰在一起的老伴,正好在她外地工作的儿子那边,也不在跟前。事情就是这么巧,你是啥命,就得啥命。即使有几个儿女,没那儿女命,照样是儿女不在眼前,让你身不由己只能遗憾而去,不能在最后离别时再见亲人一眼。

有人说,人来世上,刚出生时哭的那一声,就决定了你这一辈子的命运,要是受罪的命那就享不了福,要想改变实属不易。但来去都是一样,光溜溜地来,光溜溜地去,只是过程各异。

人活一辈子到底是为什么?有人说,复杂的社会,看不透的人心,放不下的牵挂,经不完的酸甜苦辣,走不完的坎坷,除不尽的无奈,忘不了的昨天,忙不完的今天,想不到的明天,最后不知道会消失在哪一天,这就是人生。所以人老了就算再怎么困难,也别忘了心疼自己,一定要记得好好照顾自己。人生要做好两件事情:一是教育好孩子,不要危害社会;二是照顾好自己,不要拖累孩子。

伍大爷虽然身患绝症,但他精神很好,乍一看并不像个病人。前些时候,还和其他老人在一起谈论着养老院里每年平均要“走”八九个老人,八十岁以上者居多。伍大爷住了有五年多,掐指算来新来的有五十多个，去世的也有五十多个。新来的还不太熟悉，走的却在记忆中抹不去：钱大娘、孙大娘、李大爷、吴大爷、郑有德老汉、王大爷、冯老汉、陈老爷子、卫大娘、韩老头儿、尤大爷、何先奇、施大娘、严大爷、陶大爷、范大爷、郎大娘、凤婆婆、袁大爷、汤大娘……他想不完全，和其他老人共同回忆着已经去世的老人。他们屈指数着，开玩笑说："咱都是排着队去向阎王殿那里报到，但是谁也不准插队抢先，谁插队就让医生把他给揪出来放在最后边。"

有的老人看似病歪歪的，但至今还在人世，仍旧住在养老院里，吃、住、玩、晒太阳、遛遛弯、散散步……有的老人看身体表面壮壮实实、饭量不减、能吃能睡，但是突然间就会离开人世，去往天堂。

几个月娘肚里长，一岁时哭着出场，
十岁时功课繁忙，二十岁春心荡漾，
三十岁基本定向，四十岁事业栋梁，
五十岁老当益壮，六十岁荣归家乡，
七十岁打打麻将，八十岁晒晒太阳，
九十岁躺在床上，一百岁挂在墙上。

十岁时天天向上，二十岁远大理想，
三十岁蓬勃奋斗，四十岁发扬智慧，
五十岁事业成功，六十岁发挥余热，
七十岁活出健康，八十岁老是回忆，
九十岁难以记忆，一百岁糊涂失忆。

出生一张纸（出生证），开始一辈子；毕业一张纸（毕业证），奋斗一辈子;婚姻一张纸(结婚证),相伴一辈子;做官一张纸(任命书),斗争一辈子;金钱一张纸(人民币),辛苦一辈子;双规一张纸(通知书),后悔一辈子;荣誉一张纸(荣誉证),虚名一辈子;看病一张纸(诊断书),痛苦一辈子;悼词一张纸(悼念词),了结一辈子;淡化这些纸,明白一辈子;忘了这些纸,快乐一辈子。

你老实了,有人欺负;你若大度了,处处让步;你若憨厚了,回回认输;你若重情了,种种在乎!谁又在乎过你的苦楚,谁又体谅过你的辛苦;能干的不如会说的,有情的不如有颜的,掏心的不如掏钱的,厚道的不如圆滑的!招人待见的,永远是蜜语甜言耍嘴皮子的;没人疼爱的,永远是踏实肯干嘴上不会说的!

感情其实很简单,八两换半斤,你重我就沉;人心换人心,你真我更真!人这一辈子不管人心叵测,能真诚地爱着,就无怨无悔!人这一辈子不管世态炎凉,有良心地活着,就问心无愧!你这一辈子就会坦坦荡荡地过去了。

八十一　真幸福

什么是幸福，众说纷纭，但有一条是不可或缺的，那就是有一个使人心情舒畅的境遇，那生活才幸福，说白了，那就是你的“感觉”要舒服。随着社会精神文明的建设和物质条件的改善，人民的生活是越来越幸福。余大娘身高体胖，八十多岁，老伴去世已有十余年，在养老院包房间住已整整六年。她每天不是唱歌就是跳舞，也爱和老大娘们坐在一起拉个家长里短，如果眼好使她还要打打麻将。儿女们几个常常你来我去地看望她。所以余大娘每天总是乐呵呵的，满脸喜笑颜开，那个幸福劲儿你就别提了。

人老了全凭自己想得开、放得下。余大娘育有三男两女，大儿子有病在身，自理困难。虽然老伴先走了，留下她只身一人，但余大娘八十多岁还能自理，在养老院住着从不拖累儿女们。她那三男两女，都已成家立业，这五大家庭热热闹闹，足以让她感觉幸福美满。

老人都应该有知足常乐的心态。只有这样，对自己身体、对家庭、对儿孙才有益处。如果整天闷闷不乐，心烦不痛快，就是自己与自己过不去，自己害自己。老年人为什么多选择住养老院，不愿回到家里去，就是因为家里少热闹而多孤独，没有人和你在一起说说知心话。儿女上班忙、孙子上学堂，丢下老人在家里，寂寞难耐。电视看着看着就睡着了，睁开眼又昏昏沉沉，迷迷糊糊，真是没意思极了！

赵老头儿时常观察养老院里的每位老人。他发现有的老人经济条件优越，家庭状况不错，本该感到幸福，可看上去总是愁眉苦脸，经常长吁短叹；而有的老人领取养老金并不多，却大手大脚花钱如流水从不在乎，明明生活条件很一般，但常常是谈笑风生。这可能就是比上不足比下有余，知足就是幸福吧。乐观的人想自己能住到养老院就很好了，有的人想来还来不了，有钱子女也不让。整日里和自己的儿女们搅和在一起，好气争不到几口，好脸得不到几面，年轻人上班打工一走，就是有孝敬你的心，可也得有时间陪伴和伺候你！还不是一样孤单，哪有在养老院里生活过得愉快！

实际上在生活中，活在福中不知福的人还真不少。戏剧《山里的汉子》有这样一段唱词："幸福是什么，什么叫幸福？糊涂又明白，明白又糊涂。有的人幸福就是盖三间房，有的人有车有别墅还是不满足；有的人幸福就是能填满肚，有的人幸福吃山珍海味还是不舒服；打光棍儿的幸福是娶媳妇，穷孩子的幸福是能念书；得重病最大的幸福是健康，大学生的幸福是就业有前途；腰缠万贯可能会活得苦，家徒四壁也能够家庭和睦；幸福的答案是心境，心里头幸福他就幸福。几家子幸福是小幸福，所有人幸福是大幸福，我要让父老乡亲都幸福，乡亲们同幸福是我的幸福。"

柳大爷打了一辈子光棍儿，没儿没女，照样每天高高兴兴，走路上楼哼哼着小曲儿，高高兴兴地过每一天，从没有听他说过自己有什么不开心的事。人老了也没什么太多的盼头和希望，再要老想着不高兴的事儿，那恐怕疾病可就要找上门来，那幸福可就远离你了。

八十二　幸福家

元大爷早饭后，对养老院的餐厅服务员说："今儿午饭去酒店里吃。"因为今天是他八十八岁生日，儿孙们邀请他去一个大饭店给他祝寿。他有三个儿子，两个女儿；五个孙子，三个孙女，两个外孙，三个外孙女；还有重孙女两个，重孙儿一个，重外孙一个，重外孙女一个。全家老少欢聚一起，四世同堂，好不热闹。服务员都逗他："您家这一大家子，中午在饭店得开几桌呀？"

"最少三桌吧！媳妇、女婿，拖儿带女，反正全家每次都来不齐，要是到齐还不止三桌。"元大爷骄傲地回答她们。

"我帮你合算合算都有些谁吧！"

"人多我一时还记不起来，也计算不清，反正每次是在者算数。连同孙媳妇、孙女婿等，要是都到齐了四桌也不松散。还每次总有八九个不是有事，就是在外地回不来的。到时只能给我打打电话问候一声罢了。"

元大爷一年有两个最高兴的日子。一是过春节全家大团圆；二是他做寿这一天，和儿孙们聚在一起，你说我笑热热闹闹。庆祝寿辰的生日蛋糕每次都吃不完，便把剩下的整盒蛋糕让儿女们帮他带回养老院里和其他老伙伴们一起共享。在他生日这天，心情就甭提多爽了，脸上带着笑容，心里美滋滋的。这是一个美满幸福的大家庭。小家庭就是小两口再加上个小宝贝；大家庭三四辈人，四世同堂一大群。想咱们养老院也是一个大家庭，是个特殊的大家庭，是个老人们常住的大家庭,也是老人们最后的一个大家庭。元大爷能把他的一个大家庭分为五至八个小家庭,而这几个小家庭会越过越好,越过越红火。从上学、工作、结婚、生子、老弱、病死,再从上学、工作、结婚、生子、老弱……一辈一辈地循环着周而复始。人一辈子最难过的日子是老弱病残,这是人一生中难熬的时光,但是谁都得经历,就算有几个或者一群孝顺听话的儿孙,难过的日子也得自己承受和煎熬。

元大爷的大儿子将近七十,也已进入老弱人阶段。他有两女一儿,小日子过得蛮好。但不幸的是,儿媳两年前患了胃癌,手术后,又因脑梗死半身瘫痪,大小便失禁,屎尿不知。元大爷常为儿子犯愁。儿子身板弱小,相比较,儿媳妇又胖又壮,每次处理大小便都要费九牛二虎之力才能挪动她那庞大的躯体。万不得已时,就打电话叫来儿女协同帮忙,天长日久难熬也得熬,不行也得行,再苦再累也得过下去,这就是老来难。年轻时这就不算个事,干脆利索,眼疾手快。但在年轻力壮时哪儿会有这等艰难之事呢?再好的家庭也有不尽如人意的闹心事。唉!不然人怎么都会常说家家都有本难念的经呢!

也有想得开的人说:“家庭是块责任田,肥也是田,瘦也是田,辛勤耕耘不偷懒,丰也喜欢,歉也喜欢。”

抚养孩子是义务,指望孩子养老完全是一个错误。有一副对联是这样写的:老子挣钱儿子花欢欢喜喜是一家,儿子挣钱爹要花哭哭啼啼闹分家。赵朴初说过一句话:“父母的家永远是孩子的家,但孩子的家从来不是父母的家。”有父母的地方才是家。父母是天,恩重如山……家庭的意义在于共享,吃一锅饭,住一间房,无爱就是牢笼,有爱就是港湾。人最大的幸福就是有一个好家庭。

八十三　亲情浓

养老院里的大多数老人，自己的子孙们来看望过后，在离别时，老人家都要起身相送。儿女便道："别出去了，外边有风，天冷，在屋里吧！"老人总是不吭气地站起来，腿脚并不灵便，眼神也不太好使，但还是要拄上拐杖，摇摇晃晃地非要出去送别，到屋门口时，儿孙们将他扶进屋里，老人又走出来，一腿一脚地扶着台阶手握护栏缓慢地送下楼梯。

"好好！我不下去了。"老人虽然是这样答应着，可看到儿女刚走几步，就又跟下去，一直送到楼门口，又从楼门口送到院内，再从院内送出大门口。儿女们有工作，脚步飞快，走到大门口扭身向刚到院中央的老人家摆摆手就不见了踪影。这时候老人又拄着拐杖不死心地慢悠悠来到大门口，可是他什么也看不见了，便自言自语："唉！走得这么快，望不见了。"站了片刻，才感到身上有些凉意，转身步履艰难地返回自己房间。

这种纯真的父母与儿女亲情的分离，恋恋不舍，不想分开，在养老院里是常常遇到的情景。老人们是这样的心情，那么子孙们又是个什么样的心情呢？谁也说不清，也许天知地知。人老了，就特别渴望亲情。你有没有真正去了解父母心里想的是什么？

父母想念子女就像流水一样，一直在流；而子女想念父母就像风吹树叶，风吹一下，就动一下，风不吹，就不动。

亲情这东西，细想总有点怪，大都是向下亲，祖父母、父母对下一辈的亲情是情深义重。儿女们对父母虽然也不是虚情假意,但对上辈和对下辈始终是有差别的。特别是在幼年时期,一会儿也离不开妈妈,想妈的时候哭闹不休。随着年龄的增长,越来越离得开、走得远,直到娶妻生子,对母亲的依赖渐远渐淡。但为人父母者觉得自己家的孩子比谁家的孩子都可爱,要不然为什么说自己的孩子是宝贝呢!亲情的感觉是最难以用语言来表达的。常说:“刺猬说它孩儿光,屎壳郎说它孩儿香……”动物和昆虫都这样,何况人乎。

卜大娘一见到自己的孙女,脸上就露出了灿烂的笑容,那种亲密真的是不可言表。要是孙女还小非得将她抱起来搂在怀中亲上几口。如今八十多岁的老人了,也没有那么大气力了,只是甜在心里,笑在脸上。孙女也有二十几岁了,已经到了谈婚论嫁的年龄。当下,卜大娘最关心挂念的就是这个孙女的婚姻大事。

假如爱有长度,儿女们对父母和上辈的爱,比起父母和上辈对儿女们的爱来说,相差绝不只是几尺几寸。这是做儿女们穷尽一生也无法还清的亏欠,那里面蕴含着太多的牵挂;从小到大,从生到死,伴随着我们人生的每一步,始终如一;父母和老一辈诚挚的爱,无时无刻不在沐浴着儿女们,毫不保留,毫无怨言,因为不求回报,这样才更加难以还清。在这里又有一个很感人的故事,着实令人深思。

宁静的夏日午后,一个长椅上,并肩坐着一对母子,风华正茂的儿子正在看报,垂暮之年的母亲静静地坐在旁边。

忽然,一只麻雀落到近旁的草丛里,母亲喃喃地问了一句:“那是什么?”儿子闻声抬头,望了望草丛,随口答道:“一只麻雀。”说完继续低头看报。

母亲点点头，若有所思，看看麻雀在草丛中晃动着枝叶，又问了一声："那是什么？"儿子不情愿地再次抬起头，皱起眉头："我刚才告诉过您了，妈妈，是只麻雀。"说完一抖手中的报纸，又自顾看下去。

麻雀飞起，落在不远的草地上，母亲的视野也随之起落。望着地上的麻雀，母亲好奇地略一欠身又问："那是什么？"儿子不耐烦了，合上报纸，对母亲说道："一只麻雀，妈妈，一只麻雀！"接着用手指着麻雀，一字一句大声拼读："摸—啊—麻！七—跃—雀！"然后转过身，负气地盯着母亲。

老人并不看儿子，仍旧不紧不慢地转向麻雀，像是试探着又问了一句："那是什么？"这下可把儿子彻底惹恼了，他挥动手臂比画着，愤怒地冲母亲大嚷："您到底要干什么？我已经说了这么多遍了！那是一只麻雀！您难道听不懂吗？"

母亲一言不发地起身，儿子不解地问："您要去哪儿？"母亲抬手示意他不用跟来，径自走回屋内。

麻雀飞走了，儿子沮丧地扔掉报纸，独自叹气。

过了一会儿，母亲回来了，手中多了一个小本子。她坐下来翻到某页，递给儿子，指着其中一段，说道："念！"

儿子照着念起来："今天，我和刚满三岁的小儿子坐在公园里，一只麻雀落到我们面前，儿子问了我二十一遍'那是什么？'他每问一次，我都拥抱他一下，一遍又一遍，一点也不觉得烦，只是深感他的天真可爱……"

老人的眼角渐渐露出了笑纹，仿佛又看到往昔的一幕。儿子读完，羞愧地合上本子，强忍泪水张开手臂搂紧母亲，深吻着她的面颊……

原来,他的母亲不是患有老年痴呆症,只是看到麻雀,回忆起往昔母子的亲密,故意反复提问。日记本中那位可爱的孩子,如今已长大成人,不再追着妈妈问"那是什么",却只是低头自顾看报,对身边的母亲不再关怀。往日的温馨已经成为追忆,眼前的他,仅仅被母亲问了四遍就火冒三丈,很不耐烦了。

八十四　新老人

养老院里住的大多数都是退休老人，有单位职员也有教师，还有几个半大不小的官员。他们刚退休时，身体还行，就在家里给儿女照顾孩子，实际上就是照看自己的孙儿。等孙儿从小学升入初中后，自己也近古稀之年。体力逐渐感觉不比以前，做事力不从心，懒得动弹。儿女们也慢慢不比以往亲近殷勤，慢慢疏远了自己。

顾大爷前两天才住进养老院。新来乍到，老人们之间都还不怎么熟悉，相互间初见面，只是出于礼貌问候一声就走开了。

住养老院已经有五年的宋大爷，有一天上午，在走廊里一扭一扭地散步。碰到顾大爷，两人谁也没抬头，刚走两步，宋大爷又突然停下东倒西歪的脚步，抬起头："啊！你是？"

"我是谁你认不出来了吧？"

"啊哦！顾满堂，你也来这里住了？"

"可不是。咱们有五十多年没见面了，现在都变成老年人了，真的是认不出来了，乍看不是，细看是，这肯定就是了。"

顾大爷和宋大爷是同学，只是顾大爷早年远离家乡，如今退休后回了老家，古稀之年又住进这所养老院。

此后，这对都没有老伴的老同学，总有说不完的话儿，说不完的回忆，讲不完的故事。在一起谈论最多的就是退休后的话题，还常常一起玩手机，相互发微信。

对老年人来说，特别是当过科长、主任的人，在刚刚退休时，都有一种失落感。没职没权，吃饱了，睡醒了，不知自己该去干什么好。其实这是一种病态，有的轻，有的重，有的没有多大感觉，觉得在职和不在职一个样。其实也是，上街遇到熟人也不像以前那样主动和你打招呼了，看见了还装没看见，一扭脸走过去了。刚退休时，还真有些让人接受不了这个现实，几年过去了，现在好多了，慢慢地适应了种种尴尬。

顾大爷在外地一家单位当过局长。五十二岁时不知什么原因离岗了，工资百分之百照领，不上班，啥工作没有。顾大爷八年后正式办理了退休手续，孙儿也长大了。之后，每天上街遛会儿弯，再回家帮忙做点家务活。现在顾大爷七十多岁了，干活儿不利索了，就回老家来了。住在养老院里又遇到老同学，这可高兴坏了。当然，现代转发手机微信，也是一件最开心的事。有一天，顾大爷给宋大爷念了手机上的一段微信：

辛苦生活半辈子，退休要顺自己意；
一首口诀送给你，与君共勉同欢喜。
儿女有福别挂意，付出回报难相比。
羊羔跪乳已过去，省点奶水养自己。
趁着思维尚清晰，能跑能跳棒身体；
走遍河山多壮丽，天下美味吃嘴里。
重拾年华好技艺，防止痴呆很有益；
吟诗作画练毛笔，免得孤独对墙壁。
花销不必太吝惜，养老工资月有余；
享受胜过穷计算，钱多捐赠做公益。
遇事坦然不着急，路见不平少生气；

国家大政有人理，高枕无忧心安逸。
耳顺之年莫攀比，往日辉煌成记忆；
神马浮云不新奇，知足常乐才实际。
吹拉弹唱解忧郁，老来发疯玩游戏；
拘谨矜持不可以，心态放松百病离。
别信养生鬼把戏，人老珠黄有规律；
补啥药品也无济，追求自然是真理。
健身锻炼慎用力，捎带娱乐更添喜；
好汉之勇再不提，斗狠趴下准是你。
人生就像一场戏，酸甜苦辣有悲喜；
莫以成败论高低，活出快乐新天地。

“下面还有退休后的最高境界，就两个字！咱可一定要记住。”顾大爷给宋大爷说：“第一个字是‘度’：胸怀要大度，说话要适度，读书有厚度，视野有宽度，寿命有长度，感情有温度，心态有高度，生活有热度。第二个字是‘给’：给掌声，一赞值千金；给面子，不揭人老底；给信任，有信任就有成功；给方便，与人方便、自己方便；给礼节，礼多人不怪；给谦让，待人接物要低调；给理解，理解万岁；给尊重，给弱者的尊重更可贵；给帮助，天底无私心自宽；给欣赏，要肯定别人的长处。”

退休后的最高境界，就是“度”和“给”两个字，写得真是太好了！下面还有退休后的两种人：

挂念两种人，相濡以沫的爱人，肝胆相照的朋友。
远离两种人，遇到好事就伸手的人，碰到难事就躲闪的人。

宽容两种人，曾经对你不好的人，现在说你坏话的人。

亲近两种人，相互扶持的老同学，为人和善的好邻居。

谢绝两种人，做事没道义的人，处事无诚意的人。

敬佩两种人，年轻时候陪男人过苦日子的女人，

富裕时候陪女人过好日子的男人。

负责两种人，生我的人，我生的人。

结交两种人，每天哈哈大笑的人，努力锻炼身体的人。

珍惜两种人，一生陪伴我的人，真心牵挂我的人！

总结得太精辟了，说得真是对！还有退休后的十几个重要：

1. 比存钱重要的是花钱；2. 比刺激重要的是平安；

3. 比身体重要的是心安；4. 比屋大重要的是心宽；

5. 比金钱重要的是快乐；6. 比美容重要的是宽容；

7. 比昨天重要的是今天；8. 比精明重要的是糊涂；

9. 比药补重要的是食补；10. 比生气重要的是争气；

11. 比抓紧重要的是放开；12. 比过节重要的是平日；

13. 比请客重要的是祝福；14. 比自由重要的是自在；

15. 比心动重要的是行动；16. 比高薪重要的是高寿；

17. 比生命重要的是健康；18. 比啥都重要的是幸福。

下面有一个退休九九表，经典到爆，谁看谁受益：

一、退休九点：

1. 退后轻松点；2. 对家珍爱点；3. 做人豁达点；

4. 凡事看开点；5. 朋友多交点；6. 玩得高雅点；

7. 吃得科学点；8. 官场淡泊点；9. 身体悠着点。

二、退休九不懂：

1. 不懂珍惜,守着金山也不会快乐；

2. 不懂宽容,再多的朋友也终将离去；

3. 不懂感恩,再优秀也难以成功；

4. 不懂行动,再聪明也难以圆梦；

5. 不懂合作,再拼搏也难以大成；

6. 不懂积累,再挣钱也难以大富；

7. 不懂满足,再富有也难以幸福；

8. 不懂养生,再治疗也难以长寿；

9. 不懂生活,活得越久就越没劲。

三、退休九不可：

1. 有一种东西不可利用,那就是善良；

2. 有一种东西不可欺骗,那就是感情；

3. 有一种东西不可愚弄,那就是真诚；

4. 有一种东西不可缺少,那就是友情；

5. 有一种东西不可言传,那就是思念；

6. 有一种东西不可原谅,那就是背叛；

7. 有一种东西不可拯救,那就是绝望；

8. 有一种东西不可忘怀,那就是感恩；

9. 有一种东西不可贪恋,那就是名利。

四、退休九度：

1. 办事有温度；2. 心胸有宽度；3. 事业有高度；

4. 走路有长度；5. 交情有厚度；6. 理论有深度；

7. 精神有力度；8. 办事有速度；9. 劳累勿过度。

五、退休九不等：

1. 不要等走不动了才想起去看外面的世界；

2. 不要等牙齿掉光了才想着去品尝美食；

3. 不要等孤单寂寞时才想念起你的朋友；

4. 不要等累倒生病时才停下来休息；

5. 不要等父母不在了才后悔没有好好孝敬；

6. 不要等生了重病时才懂得生命的脆弱；

7. 不要等到孤身一人时才意识到爱人的好；

8. 不要等子女烦你时才知道子女的闲事不要管；

9. 不要等到生命的尽头才发现要热爱生活。

六、退休九最：

1. 退休最大的修养是宽容；

2. 退休最大的希望是快乐；

3. 退休最大的财富是健康；

4. 退休最大的智慧是乐观；

5. 退休最大的困扰是是非；

6. 退休最大的无知是抱怨；

7. 退休最大的收获是知足；

8. 退休最大的境界是顺其自然；

9. 退休最大的享受是活出自我。

七、退休九大健康生活方式：

1. 少吃肉；2. 晒太阳；3. 雨中行；

4. 常唱歌；5. 饭后休；6. 挺起胸；

7. 静坐思；8. 天伦乐；9. 步代车。

八、退休九件宝：

1. 家有老伴第一宝，白头到老贴心袄。

2. 家有老窝第二宝，遮风挡雨不能少。

3. 家有储蓄第三宝，过好生活缺不了。

4. 老来平安第四宝，自我照顾有依靠。

5. 老来老友第五宝，一定要把朋友找。

6. 老来快乐第六宝，每天都要笑一笑。

7. 老来俏丽第七宝，容颜净洁精神好。

8. 老来学习第八宝，赋闲在家勤动脑。

9. 耳顺眼明脾气好，这是老年第九宝。

九、退休九乐：

1. 健康长寿之乐；2. 天伦亲情之乐；3. 读书学习之乐；

4. 思维想象之乐；5. 广交朋友之乐；6. 助人为人之乐；

7. 与世无争之乐；8. 游历天下之乐；9. 知足常乐之乐。

退休后要牢记这九九表，你会发现自己的身体状态越来越好，心情也越来越愉悦！晚年生活更精彩！

敬一丹给所有新老年人的启示是：

1. 退休不是人生的终点，而是第二个青春的开始，后面还有很多种可能；

2. 退休后要找点有意义的事做，还可以多和年轻人在一起，这样能让你更年轻；

3. 一定要给自己退休后的生活做一个计划，这样你的生活才会更踏实，说不定还能遇见一个更优秀的自己。

不少退休了的老人手上有点积蓄，又有时间，才是真正意义上的“富人”。退休了不妨做一个真正的富人，做好退休计划，给自己一个新的人生。

辛苦工作四十年，节也不闲，假也不闲；
职业良心重如山，累也干，病也干；
早盼退休这一天，得也无怨，失也无怨；
今天终于卸重担，身也清闲，心也清闲；
从此自己说了算，来也随便，去也随便；
黎明早起奔公园，跑也是练，走也是练；
傍晚广场跳跳舞，慢也翩然，快也翩然；
读书看报不间断，体也不闲，脑也不闲；
早晨出门去买菜，素也买点，荤也买点；
一日三餐自己做，咸也香甜，淡也香甜；
高楼小屋都御寒，大也安然，小也安然；
布衣布鞋不挑拣，新也能穿，旧也能穿；
院内翠竹种几竿，直也喜欢，节也喜欢；
窗台养盆君子兰，花也好看，叶也好看；
门前种个小菜园，烹也新鲜，调也新鲜；
亲戚朋友多串串，富也相安，贫也相安；
高堂双亲如健在，孝也自然，敬也自然；
结发夫妻老来伴，真心永远，情永远；
儿女回家绕膝前，节也来看，假也来看；
内孙外孙一般远，闹也不烦，累也不烦；
微信愉悦新老人，看也喜欢，听也喜欢；

同学战友群里见,早也问安,晚也问安;
经典笑话互相传,雅也开颜,俗也开颜;
人非圣贤哪得全,睁一只眼,闭一只眼;
三五知己常聊天,今也谈谈,古也谈谈;
书法绘画学摄影,精也是玩,粗也是玩;
远游近走好参观,动也好看,静也好看;
养老薪水花不完,吃也有钱,喝也有钱;
陈年往事已如烟,仇也淡然,怨也淡然;
胸怀大度天地宽,名也看穿,利也看穿;
笑对人生心放宽,顺也乐观,困也乐观;
退休生活无忧虑,不是神仙,胜似神仙!

顾大爷看着手机,念叨着群里传来的微信,没完没了。宋大爷开始还探头探脑地看着。不一会儿就只是直起耳朵听着,听着听着就说道:“这是谁编的,太有才啦,经典呀!这也太多了,咱俩歇歇吧!我累了,要不是写得好,我早坚持不下去了。”

“最后一段,最后一段。”顾大爷说。

控制金钱,可以得到财富;控制餐饮,可以得到健康;
控制情绪,可以得到快乐;控制情感,可以得到幸福。

人生如喝茶,总是从浓到淡。人生如杯茶,不会苦一辈子,但总会苦一阵子。最好的生活,无非就是白天可以有说有笑,晚上还能睡个好觉。

八十五 守空巢

“空”是指什么也没有,空荡荡的;“巢”是蜂或蚁的窝,还有鸟兽藏身的地方,也常比喻盗匪所盘踞的地点,如直捣匪巢。不知何时出现了“空巢老人”的新名词,专指儿女不在身边的独居老人或者老两口。只要是没人照顾,或者虽有儿女,却常年在外打工,单独生活的都称为“空巢老人”。

孟大娘在养老院里,常常给别人述说自己原来在家时,对门邻居张大娘的悲惨遭遇。张大娘的老头子曾经是个有威望的县领导,退休后老两口共同生活了十几年,不幸老伴于自己前头先走。虽有儿女五六个,工作近处、外地都有。老两口相敬如宾、相依为命可以互相照应,生活不说太好,也算有滋有味。如今丢下张大娘一个人,孤苦伶仃,冷冷清清,但又不想和儿女住在一起,便想到要雇一位保姆来家里伺候自己。一来避免形单影只,寂寞无聊,也让儿女少操心;二来帮助料理家务,减轻自己的生活负担,解决高龄老人懒起、懒动的生活习惯,提高自己的生活质量。但是,十几年来,雇过好几个保姆,每个最长时间坚持不到三年。三年两头地换保姆,有的不够三个月就被辞退。不知是张大娘难以伺候,还是保姆要价太高,反正遇不到个耐心周到又要价合理的好保姆。不是饭菜味道做得不合口,就是浪费日常财物和用品。张大娘喜欢简简单单,喝粥就好,保姆嫌清汤淡水吃得没味,常常是因生活习惯不同,不欢而散。

这一年,张大娘干脆不再用保姆,自食其力,自己照顾自己,能活一天是一天，从不去儿女家里住几天。孟大娘说她有一段时间未见到张大娘的面，心想可能是去她儿女家里了。但又过了好几天还没见到张大娘，细想张大娘每次去哪儿都要和她说一声，“这次是否正好自己没在家，或来不及告诉我一声呢?”不过不管怎么样，孟大娘好长时间没见到张大娘的面，还是很惦记的，就想起给她打个电话。孟大娘先给张大娘的大女儿去电话，大女儿说没有去她家；给二女儿打，二女儿也说没去过；再给三女儿打，三女儿也说老长时间就没有去住过，让再问问她的两个哥哥！

三个女儿和两个儿子的家都没有去过，那张大娘是去哪儿了呢？孟大娘和张大娘的子女互相通话后，感到情况不对劲儿：是不是又生病啦，生病了也该打个电话呀！不对劲，估计是凶多吉少。张大娘八十多岁了，万一心脏病突发，电话来不及打呢？所以兄妹几个很快来到妈妈的住处，打开房间门，喊叫：“妈、妈！”静悄悄的一点动静都没有。推开卧室门，看到张大娘在被窝里一动不动地静静躺着。推一推、喊一喊，接着大儿子把手伸向张大娘的嘴边，早已没有了呼吸。他们几个霎时惊呆了，半天才回过神来，号啕大哭，泪流满面。

孟大娘给老人们说：“你说这张大娘到底是什么时间就没了呢？谁也说不清，谁也不知道，更不用说叫120救护车了。她的儿女们那个难过啊！后悔啊！就别提了。后来我就一直想，我自己可该怎么过，怎么办？和儿女们长期住在一起，不自在、不随意。但凡做孩子的首先爱的是自己的小家庭，过好自己的小日子。这种思想虽自私，可咱们都是过来的人，心里再明白不过。儿女们谁会主动张口叫咱去他们家住呢？就是叫，想想咱也不想去，住进养老院快活自在，在养老院里是有话说、有娱乐，又热闹，自己住得安心，儿女放心。所以我选择了这个老人窝，到死不做空巢老人。”

和儿女们在一起住的时候，说话或者开玩笑，因代沟问题，有时会话不投机半句多。说者无心，听者有意，常常引起误会而不顺心。

可怜天下父母心，父母一辈子都在为自己的儿孙们无私地贡献着自己的全部精力，直到精疲力竭，还真是春蚕到死丝方尽。

家庭养老，儿孙都忙，雇用保姆，价钱难定，高低不就，服务也难以称心如意，有时弄不清是主人当家，还是保姆说了算。因此，住养老院还是比较好的选择。孟大娘住的这所养老院，属公建民营。他们的核算原则是自收自支，自负盈亏，收支公开，核算合理。围绕着公平公开和诚实守信的原则，行政管理部门每年都要对其审计监督，进行年检，年检合格后才能继续运营，不像购买保姆的服务那样没有制约机制。因此保姆的服务质量与养老院的服务质量有差距，在这方面政府还需再加大力度，不然老年人付出的钱和应享受到的服务质量就得不到保证。如果没有监督，没有政府的指导和管理，就没有养老机构的正规化和健康发展的保证。

空巢老人，就像孟大娘的邻居张大娘的遭遇一样，有个三灾两难无人知晓，突发不幸更使家庭蒙上挥之不去的阴影。更让人明白了集中养老的优点，特别是老年人住在一起，整体安全保障大大提高，在应对突发险情时，不会坐以待毙，无奈等死，更不会像张大娘那样死在家里了也无人知道。

但想住养老院，也并非易事，受制于家庭、子女的意愿，更受制于养老机构滞后于老人需求的现状。即使孟大娘住的这所养老院在一个小县城里，但仍需要先排队，回家等通知。因为养老院的服务态度好，价格便宜，普通收入者都能负担得起。

八十六　要随性

人到老年如同谷粒饱满，一片金黄，沉甸甸的，一串串的低头弯腰。回报着辛劳，呼唤着收获，洋溢着成熟之美，散发出五谷芳香。

一生耕耘着生命，阅历过春花秋雨，伴随着冬去春来，赢得举止的从容、言谈的智慧和思考的深沉稳重。

一辈子尝尽人间酸甜苦辣，饱览人间自然风光，造就那种成熟、庄重、豁达、善良的境界，包含着智慧、积淀着经验，显现出别样的魅力。

“老将”出马一个顶俩，人们大都会礼让三分；老伴的关爱，儿女的孝敬，孙辈的亲昵，那种天伦之乐，非老年人莫属。

老年就像一本书的结尾，结尾是精彩动人的，难以让人忘怀的。唐代，贺知章有诗：

其一

少小离家老大回，乡音未改鬓毛衰。

儿童相见不相识，笑问客从何处来。

其二

离别家乡岁月多，近来人事半消磨。

唯有门前镜湖水，春风不改旧时波。

养老院的老人们成堆地聚在一起，坐在大门外树下边的石凳上，你一句我一句地东拉西扯。他们除了聊天还是聊天，有人说起来滔滔不绝没完没了，有的目光呆滞地眼望远方一言不发，也有的无精打采地低着头来一声不吭。当年孩提时代的那个活蹦乱跳爬高蹦下的不安生形象已经消失得无影无踪了。如今已成了七老八十的人，冬天，坐在温暖的阳光下，眯起眼睛一坐下，半天过去了；夏天，在树荫下或者是阴凉下，手摇着扇子自由自在，真像是一幅活着的福寿松鹤图。

平大爷，七十四岁，精力充沛，无忧无愁。他最爱玩手机，经常转发或给老朋友们讲讲微信中的消息。所以常有些老大爷和老大娘坐在一起，听他叨叨，听他讲微信里的一些只言片语。

有的老人唉声叹气，长吁短叹道："老了，不行了。"

这时候平大爷拿起手机："来、来、来，我给你读一读这几句话，你给我好好听着。"

"二十岁活青春，三十岁活韵味，四十岁活坦然，六十岁活轻松，七老八十活成无价宝，即使老，也要老得漂亮。"

念完这几句，平大爷说："唉、唉，你唉个啥？不错，咱是真老了，可谁没有老的一天，唯有这人老，才是最公平的。"

"你给咱往下念吧！我们听着还不行？眼模模糊糊，耳朵还凑合，那天人家顾大爷念给我听了半天，听起来还真适合咱老年人。"张大爷如是说。

"我也不能老为你们白白服务，报酬一分没有。"

"好好好，我请客！中午请你吃饭不用掏钱。"汪大爷说。

"不用不用，你们还是自个儿买个智能手机，让你孩儿、孙子，好好教教你们怎么玩微信吧！"

“我可比不上你和顾大爷有能耐，眼好、耳朵灵。”

张大爷接着说：“老了，买上个好手机有啥用。现在只要能吃、能睡就行了，多活几天就足够了。你还想有啥盼头，有啥梦想？”

“你说这话怪可怜的，我再给你念几段微信群里的语录吧！”

人老要童心，人老心态不能老；

人老要糊涂，唯有健康不糊涂；

人老要浪漫，夫妻感情不能淡；

人老要优雅，男女气质不能丢；

人老要快乐，天天快乐不赔健；

人老要从容，生活节奏不超重；

人老要独立，晚年幸福不依赖；

人老要健康，自觉保养不误己；

人老要偷懒，少管事务不折寿；

人老要享受，珍惜眼下不后悔。

伸一伸你微驼的老腰，摸一摸你头上的稀毛，忽然发现我们真的已经老了。

半个世纪有多长？回头看，似乎只是一日一宵；半个世纪有多短？低头看，孙子、外孙满地跑。

爬过山的人，知道山有多高。蹚过河的人，知道河水有波涛。跌跌撞撞走到今天，活着，挺好！

在岗的朋友，把本职做好；退休的朋友，把身体养好；生命只有一次，活着真好！活在东北，你不要嫌天冷；活在北京，你不要嫌官小；活在武汉，你不要嫌天热；活在上海，你不要嫌钱少；活在乡下，那里是绿荫环绕;活在内蒙古,你有浪漫的蒙古包。这个世界真大,南北都能养老,地域不是问题,请你放开逍遥,说学逗唱,摄影舞蹈,打球慢跑。

随心自在,自得其乐。在夕阳的黄昏下,和自己做朋友,就可得出快乐的真义。快意生活,就是如此简单!

春去春来,花开花落,一切都是大自然的安排。天生万物,各具其美,老年人也有老年之美。

人到老年应服老,有些闲心就少操,
子女成家立了业,少言少语关系好。
人到老年要放权,大事交给子女办,
记性不好易忘事,出错耽误多遗憾。
人到老年要躲错,孩子矛盾少掺和,
夫妻打架床尾和,他人进言即是祸。
人到老年别发贱,子女教子莫阻拦,
偏袒溺爱出逆子,劳神费力落埋怨。
人到老年要保留,儿有不如自己有,
老窝老本留一手,自给自足不低头。
人到老年余钱有,节衣缩食没理由。
吃喝穿戴要适中,攒个金山带不走。
人到老年似灯窝,退休剩油不太多,
年迈体衰歇着点,操劳过力易惹祸。
人到老年要知道,平常没病少吃药,
补品是药三分毒,食补比药更有效。
人到老年要自重,烟酒麻将勿妄动,

赌博杀人不见血，赢了还怕瞎激动。

人到老年要自强，千万可得有间房，

孝顺子女能赡养，否则没窝太凄凉。

总结得太到位了！快把这位智慧老人写的发给身边的好朋友们耐心品味吧……

张大爷不耐烦地说："行了行了，算了吧！我知道年岁大了叫老年人。说我们是老脑筋、老机器、老油条、老一套、老掉牙、老脾气、老顽固、老不死、老不要命的，还有老家伙、老奸巨猾……"

"这也太难听了吧。"

汪大爷接着说："别着急，我还没说完呢！还有老师、老成、老大、老总、老前辈、老父亲、老领导、老夫子、老农民、老干部、老将军、老太爷……"

养老院里住有七十多位老人，除了不能自理和半自理的几位老人，还有人患有脑萎缩、痴呆症等，能玩智能手机的也就四五个老人。有的也想玩，可大都是眼花耳聋，手指头也跟不上，颤抖的手指头对不准手机屏上的图标。有时勉强来一下，却一点给儿子拨过去了。

儿子回话："爸爸！有事？"

"没，没事！手机又点错了。"说完挂了。

这手机是怪玩意儿，太鬼灵，机灵的玩不了，不玩了。在他们中间也有眼好的、耳朵灵的，可又懒得动脑筋。干脆就围着顾大爷、平大爷几个看手机聊聊天，听听微信，逗着乐。这天，汪大爷和张大爷向平大爷要求再给念一小段微信听听。

平大爷便开玩笑说道："你两个就听不累？"

“不念算了,你是念累了吧?”汪大爷还说,“不服老不行,毕竟‘老’字下边一把刀。”

平大爷对着手机又聊了一段:“莫想老,常思少,思想不老化,衣着老来俏。不拘年岁行辈多与青年人交朋友,萌发童心有奇效,人老心不老。”

张大爷最后又补上一句:“说你疯吧,你还真抽起筋来了。说你快日落西山了吧,你还真的夕阳红了。”

八十七　多孤苦

黄大娘也快八十岁的人了,说是要去住养老院,但一直没有下定决心离开这住了五十多年的老窝。一天盯着自己屋里的箱箱柜柜、桌椅板凳、锅碗瓢盆,总是不舍得与之分开,她睹物伤情难舍难分。已经住进养老院的齐大娘和她是好邻居,她们相处得像亲姐妹,你来我往常常在一起唠唠嗑,很说得来。两人原本说好要一起住养老院的,双方儿女们也都支持她们,可是最终只有齐大娘一人去了养老院,黄大娘却一直未离开这间还是在上个世纪五六十年代建成的老住宅。自齐大娘离开家后,黄大娘一个人就感觉寂寞了很多。

黄大娘五十几岁时,老伴因病去世了。女儿远嫁他乡,儿子带着媳妇双双外出打工。她一个人十几年来孤苦伶仃,自个儿做饭自个儿吃,但时间一长也就习惯了。在别人眼里,她是一个有儿有女却又无依无靠的老人。儿女老是不放心,也只能不时打个电话来问候一下,几个月或一年回来看望看望老母亲,但又不能多住时日。黄大娘心里虽然想让儿女多住几天,但嘴上却说:“不要在家里耽搁你们的事情。我很好,没事,快去忙你们的事吧!”假装急于让他们快走。

黄大娘全靠身体好,没什么病痛,完全能自理好自己的事,做饭、洗衣、打扫卫生都没问题。做一次饭能吃好几顿,没胃口时就吃那么一点点,等到下顿加热再吃,或者啥时候饿了再吃。可是刚刚才几口，又吃不下去了，算了，下顿吃吧！

就这样做一次饭，能吃好几顿，老是吃剩饭。冰箱里常常存放着剩饭，这剩饭剩菜吃到肚里，对身体并没什么好处。可是这黄大娘一辈子节约，舍不得丢弃，如果扔了，会心疼死了。她很清楚庄稼从地里生长成粮食，再从粮食到加工为成品粮，再从成品粮到商店、到家里、到锅边，做成熟饭到碗里、到嘴边，这一圈走下来是多么不容易，哪能说倒掉就倒掉呢！

本来黄大娘做的饭菜就不多，怎么连这点都吃不了呢！主要是这人老了，饭吃不了多少了，活也干不了多少。

黄大娘打小在农村长大，她深知一粥一饭当思来之不易，一丝一缕恒念物力维艰，可要好好珍惜呀！这包含着多少人的心血呢！

黄大娘的一个本家妹子，有一天对黄大娘说："嫂子，你应该像齐大娘那样，去住养老院多好。你看你，一个人住在这家里，儿女又都不在身边，这把年纪了，万一有个三长两短的，可怎么办啊？"

"哪儿有那么容易就死了呢？"

"要万一呢？"这话听着不好听，但却是大实话。

"不会的，我命大，没万一。就有万一，也得认命。唉！都怪你哥那死老头子走得早，要是活到今天，我也不会这么孤孤单单！"

那妹子眼珠子瞅着她嫂子转了转，又说道："我知道你还是心疼你那俩钱，其实我那俩侄儿侄女都能给你出得起那点钱，他们又不是不能过，你每月也还领那么多养老金，你就去养老院享几天清福吧！这把年纪了还能有几天活头。"

"我孙子、外孙都好几个，他们都在读书，要考大学，马上又都该娶媳妇了，这钱还是不宽裕啊！"

黄大娘舍不得花钱，是怕给儿子和女儿增加负担，自己的养老金还想结余点，所以不管是谁都做不通她的思想工作。时代不同，上辈不管下辈的事，黄大娘脑袋就是一根筋，就知道在家里对着老伴的遗像看着、想着、熬着。假如住在养老院里，那就会有不一样的心情，同龄人成群成堆，老头子、老大娘们聚在一起说说笑笑，一晃一天就过去了。说不定还能再碰个老头儿，相互陪伴到最后，这日子不是也就不孤孤单单的难熬了嘛。

八十八　生病多

“唉！人老了，不中用了，一身都是病。”老人们常常会说自己身体不好。很多老人的“病”其实不是病，就是老了。而这一身“病”无外乎高血压、高血糖、高血脂，经过治疗后就能基本达到正常水平，用药物控制可以维持在正常水平，仍算是健康老人，不需要紧张和担忧。

人从小到大，再从大变老，就像是秋天地里的庄稼一样，虽然籽粒饱满果实累累，但却没有了郁郁葱葱的枝叶；老人又像一盏油灯，油将耗完的时刻灯光渐暗，就等油尽灯枯，所以有人说人死如灯灭。人老又像快要落山的太阳，失去了八九点钟的光辉而黯然失色。小猫、小狗、小鸡、小鸭都可爱，甚至小狼、小豹、小老虎这些野兽小时候也都很可爱，等都变老了躺在地上动不了时，看上去却没一点可爱，反倒怪可怜的，就算再凶恶残暴的豺狼虎豹也凶神恶煞不起来了。

植物大都在瓜果籽粒饱满之季，就是生命终结之时；人到老时大都儿孙满堂，全家人一代接一代，几世同堂，人丁兴旺，同样是自己的生命将要结束之时。都说人生苦短，实际不苦也不短，在动物界里，人算是长寿的，人要想延长自己的寿命需要有健康的身体，有健康的身体才能不生病、少生病，但有生命的物种都不能不生病，尽管人类创建有医院，可是自然规律不可改变、不可逆转。植物有病虫害，人有天灾人祸，人类制造出的机器也是同样，时间长了，零部件磨损老化，再好的机器也不能够使用了，这就是万物都是有寿命的。

人老了，身上各种器官老化磨损太久，病就多了。人老多病是正常现象，全身知觉、运动和思维、记忆等极容易出问题，如脑出血、脑梗死等；全身血管老化栓堵、脆弱没韧性，血液循环不正常，新陈代谢不通畅。

总之，一个正常的老人，年龄越大，毛病就越多；毛病越多，威胁生命的风险就越大，所以说多病是老年的必然规律，医院是老年人临终的地方。养老院只是人一生中生活的最后一站，这一站停留的时间有长有短，长可二三十年，短则两三年，甚至一天也留不住。要是普遍能发展医养结合的养老院，那真是老年人很幸福的一站。人从出生开始，婴儿、幼儿园、小学、初中、高中、大学、找工作、创业发展、退休看孩子、住养老院、生病住医院到病故进坟墓，这是一个人的人生之路，大都要经过的“景点”，谁还不是这样从开始到结束呢！

和大爷八十六岁，他曾在乡镇担任过书记，和八十二岁的老伴住在养老院已五年。老伴时常感冒，病痛不断，药不离口。和大爷伺候老伴买吃、买穿，寻医问药不离左右，相依为命。

有一天，和大爷因心律不齐住进医院，入院后，病情一直不见好转，三天后溘然长逝。沈大爷、韩老头儿、孔大娘在养老院里遇见和大爷的老伴以及他的子女们，便问起当时的情况，他老伴叹一声说：“说不清，医院检查一身病，前列腺炎、肺气肿、心脏供血不足，又说带感冒。”

孔大娘嘴快说：“这人上了年纪，就扛不住病了。”

“和大爷的身体平时看，比他老伴健康多了，可这人说病，病就来了。自古哼哼哼，熬死个噔噔。”孔大娘话音未落，沈大爷接过话茬:“这倒不差,平时病恹恹的哼哼叽叽,倒把看似没病的人先送走了,命呀!”

“这和大爷的身体好是好,就是吃饭不注意,每顿都吃得那么饱,还时常上街去买水饺、糖糕解馋。人老了,吃多了消化不动,运动少又消耗不了,这好吃难消化,只顾享受口福,营养过剩也不是什么好事啊!咱老人们要不注意饮食,还真能吃出病来,‘吃死你’,这可不是笑话!”

韩老头儿啰啰唆唆没完没了地说着,旁边又凑过来三四个老人围在一起听着、议论着和大爷突然病故的不幸消息。

说起这吃出的病来,沈大爷和韩老头儿都深有体会,两人都做过胆结石手术,术后医生嘱咐他们尽量少吃油炸食品。这两人过去都嘴馋得很,常去外边吃香的喝辣的,手术后才忌讳起来,少吃盐、少吃油、少吃糖。老人最怕的高血压、高血脂、高血糖,多少都与饮食习惯脱不了干系。这人老了,体质自然要差,生病很常见,所以需要早预防、勤锻炼、多休息、管好嘴、迈开腿,提高自身生理修复能力,不然得了病要是免疫力低下,那再用药也不灵了,真就无药可治了。

八十九　养老难

穆大娘刚过完七十岁生日，这一年，正好是她和七十四岁的老伴王大爷的金婚之年。五十年来老两口风里来雨里去，把两个儿子、两个女儿抚养成人，并都成家立业，儿孙满堂，这一大家子日子过得可真是红红火火。

王大爷是个老教师，一辈子教书育人，身体尚好。住在这养老院里已经四年，老两口的爱好就是打扑克，常常与其他几个老人一起玩。四个人玩，五个人也玩，六个人同样可以玩，嘻嘻哈哈很快就把一天打发了。

可这好日子总不会一直平平稳稳。近来穆大娘晚上老是咳嗽不断，弄得王大爷晚上觉也睡不好。于是就带她去医院检查一下，王大爷心想恐怕是感冒了吧。可到县医院一看，医生让穆大娘再去市里的医院做进一步检查。穆大娘不愿出远门，认为这点小毛病不用去市里，正在举棋不定时，儿女们却感觉到问题来了，劝说他俩："咱们还是到上级医院进一步看看吧，要比在县里好点，一级是一级水平，倘若被误诊的话那可是要耽误治疗的。"

随后经市医院确诊穆大娘为肺癌，这让孩子们不免担忧起来。但是当着父母亲的面还是很镇静的，特别在母亲面前，还是得强装笑脸，表现出若无其事的样子。并告诉他们的母亲，和在县里医院看病的结果一样是感冒了，没什么大事。王大爷看孩子们的脸色不对，看出了端倪，想孩子们是好意，也就不戳破这善意的谎言。

医生回避着穆大娘，告知她的儿女们说："已到了肺癌晚期，还是回家慢慢调养吧，希望会出现奇迹。"然后给开了一些药，让带回去服用。

儿女们带着身患"感冒"的母亲回到了养老院，像这种情况是万万不能直接就回自己的家里的，这样容易引起穆大娘的疑心，会觉得"是不是让我回去等死呢"？

回到养老院里，老人们见到王大爷便问：

"怎么样，问题不大吧？"

"不大，就是感冒咳嗽，要是不咳嗽就好了。"

"唉！不管怎样吧，问题不大就好，人老了哪能不生病。"

其实养老院里的老人都是同病相怜，都这把年纪了，有几个老人能不生病。只要不是要命的病，就相当于没有病了。他们心里比谁都清楚，不给儿女们添麻烦就是自己的老来福。怕的是患上个慢性病，自己受罪不说，让儿女们也不省心，虽然说是"好死不如赖活着"，但嘴上还总是这样说："唉！你看人家有多好，跌倒就死，自己不受罪，儿女不受累，这都是前世修来的福气呀！"

有老人还说这"养老院"实际应该改名叫它"养死院"，慢慢养几年、几十年就都走了。人去世了，方言都说是"老了"或者是"走了"，你说这"死"和"老"还不是一个样吗？看来人还是怕"死"的，说"老了、走了、去世了、病故了、没了"等，都是一样的结果，不一样的叫法，听着好听一些而已。养老院、老年公寓、福利院、托老院、敬老院等养老人的地方都专挑好名字叫，也就是为了图个吉利吧！

穆大娘带病在养老院里住了一段时间后，咳嗽反反复复时好时坏，她也觉得可能不是普通感冒，对王大爷说："这感冒怕是治不好了，咱回家里慢慢养吧！在这里多花这钱，回家里多少还能省点。"

“咱在这里养病，已比在医院省很多了。说不定哪天实行医养结合，那可就更省钱了，把省下的钱再买上点好药吃，你就在这里安心住着吧！”王大爷如是说。

王大爷每个月有退休金，两个人除交养老院的费用后剩余不多，穆大娘是农村人，她心疼王大爷退休金不多，看病又花了很多钱，儿女们三四个虽然能添补点，但她不愿让儿女们再掏钱。孙子、孙女四五个都在读书，更需要钱。王大爷毕竟是当过教师的，心里明白穆大娘的意思，沉思了一会儿对她说：“不过你真要回去，那也没什么不行，我身体没问题，在家伺候你还行，你想吃什么我好赖都能给你做点，口感上要比养老院好些，在这里毕竟是大食堂，人家不是只为咱一个人服务的。”

从市医院回来又在养老院里住了两个月，王大爷和儿女们商量后，趁穆大娘对自己的真实病情还不清楚，在养老院里时间长了，人多嘴杂，一旦哪位老人说漏了嘴，穆大娘知道自己得的是绝症，这对穆大娘的打击可想而知，不如就趁穆大娘怕花钱的心理顺水推舟答应了她，于是就把穆大娘接回到家里。

穆大娘回家后，病情越来越糟糕，一天不如一天，把王大爷累得够呛。单做一个人的饭也不省事，好不容易饭做好了，穆大娘她一口也吃不下去。老两口看着碗里的饭，愁得发呆。孩子们都事儿多，各自忙各自的，虽隔三岔五地回来看看，但也不能长时间留在身边。穆大娘就这样不吃不喝一直躺在床上，二十天后就离开了人世，从发现得病到去世也就八九个月。养老院李大爷同样是肺癌晚期，从发现到医治仅仅四个月就走了。

赵老头儿说：“咱不说养老院的养老，单说在家里要是遇上个慢性病人，那才叫亲人陪伴伺候受劳累，病人躺在床上活受罪。唉！

真和开篇《过节日》里陪孙子过‘六一’儿童节的时候，大不一样啊！六个人疼爱着一个宝贝蛋。如今进入老年社会，看王大爷的四个儿女加夫妻双方有八个人，也不过承担穆大娘和王大爷两个老人的养老责任，加亲家两个最多四个老人，都顾之不及。到孙辈四个人成家后，将来可要负担各自双方共十六个老人呢。如果上有老下有小，再遇个慢性病人，这负担可就更重了。”

九十　夕阳红

乐游原

向晚意不适，驱车登古原。

夕阳无限好，只是近黄昏。

凡人总有一死，老人离末日越来越近，只是还有多少路要走，谁也说不准。赵老头儿负责养老院的管理工作已有十年，十年来他接收了多少老人，又送走多少老人，他自己也说不清楚，也不想去弄清楚这些数字。

日常生活中，人与人说话并不是你心里想讲的，想怎么说就怎么说，有一些话语是有忌讳的，不能随便乱说，轻易间不会说出“谁谁死了”“他死掉了”，这样的话不好听、不文明，听起来扎耳。老人大都是会说谁谁走了、不在了、老了、病故了、去世了，还有说上天堂了，也有开玩笑说去马克思那里报到了，要是大人物、伟人、名人就叫作逝世了；患大病死里逃生的老人还会说：“我不合格，阎王爷不接收，又把我给退回来了。”

萧大爷如今八十八岁，是养老院里生活的时间最长的一位老人，有十二年多，但又不数他年龄最大，有三个老大娘都是九十多岁，他只排在第五。全养老院七十多位老人中八十九岁老人最多，有六位。萧大爷没什么大病和慢性病，只是心脏不太好，一有事儿只要一个电话，他的几个儿女及孙子们就会很快赶来，一年里总要有三四次这样的情况发生，但都有惊无险平安度过，养老院的老人们都很是羡慕萧大爷的好福气。

萧大爷一辈子不抽烟，只偶尔喝点小酒，生活很有规律，三餐吃得不多，每天坚持走路半小时。如今，除耳朵听不见和有心脏病外，没什么大毛病。他头脑清醒，眼睛明亮，爱给老伙伴们讲个笑话，时常逗得大爷们、大娘们哄堂大笑。

萧大爷曾经当过教师，也当过工人，是个离休老干部。刚住进养老院时，常常爱编写顺口溜，他写出来就送给院长赵老头儿，赵老头儿看后感到不错，就让登在养老院的黑板报上，老人们看到都竖起大拇指，夸赞一番。因此，萧大爷在养老院里威信高、人缘好，每年九九重阳节都被养老院评为“模范文明老人”。

对多年一直躺在床上半死不活的人，他愿意活着，还是愿意去天堂？肯定是愿意这样赖活着；对昏迷不醒的人，虽然不知不觉，但是他的亲人和儿女们仍然期盼着有一天能出现奇迹。可能到了科技发达的时候，要用机器人来看病，不但能给人换心脏，还能换脑袋，那就等于将死人换来个大活人。如果真有那么一天，那一定应该是有钱人才能办到的事情，但对人类有意义吗？

也有人提出说要“安乐死”，行得通吗？据说要通过立法来限定，也有反对者说，安乐死有协助想自杀的人自杀的嫌疑，对医院、医生救死扶伤的人道主义援助还有意义吗？

又有人说要帮助老人实现“尊严死”，即最大限度地缓解患者临终前的痛苦，使其微笑着与世界告别。不折腾，让病人少遭罪。不再使用插管子、切开气管、换器官、使用呼吸机抢救，然后送进重症病房等手段，这是否就是一个年老病人希望的呢？也难说！

如今有人问，“安乐死”与“尊严死”是否有区别呢？回答是有！

安乐死是促进患者的死亡，主动终止生命；尊严死不会促进死亡，而是尊重生命的自然规律，只是提供患者选择放弃过度治疗的可能，属临终关怀。从客观上讲，还可以帮助节省医疗资源，是一举两得的事情，都很有意义。

活着就得有意义，有幸福感、有快乐感。有生必有死，如果人只生不死，那么地球上还能放得下吗？区别只不过是名人死得轰轰烈烈，一般之人死得无声无息，但不管名人还是普通之人都被称作“驾鹤西去或得道成仙”和“一路走好”。

沁园春·夕阳

天边日落，霞光四射，火烧云映。
仰首望天空，灿烂闪耀；
宇宙无限，眨眼星星。
冉冉月亮，时有圆缺，
八月十五月更明。
夕阳红，好儿女孝敬，骨肉亲情。
读朱自清《背影》，
父母亲尚在不远行。
幼时怀中抱，屎尿无知；
爹娘苦乐，望子成名。
娶妻生子，传宗接代，
转眼之间已高龄。
美梦中，子孙齐欢聚，福寿康宁。

老年人如同天边的夕阳，都期盼着夕阳美好的最后时光。真正的夕阳美,是鼓舞人心的、催人奋进的。所有老年朋友应该齐声赞美夕阳红,振作精神,发挥余热,昂头挺胸,大步奔走在充满希望的大路上!

最美不过夕阳红,既温馨来又从容。
夕阳是晚开的花,夕阳是陈年的酒。
夕阳是迟到的爱,夕阳是未了的情。

用六十年的漫长,换来了这个称谓。
多少人间情与爱,化作一片夕阳红。
无论孤单琴瑟谐,都是生命的描绘。

当天和尚撞天钟,欢乐轻松地起航。
七十岁一个不少,八十岁尽量都在。
九十岁越多越好,一百岁高歌围绕。

一度夕阳美,美在沉静!夕阳之美,是沉静之美,不矫揉,不造作。生命之美不在年龄,不在青春年少,就如夕阳,焕发灼人的美丽和魅力,让人浅唱低吟。

人老后更喜欢安静,爱好沉默,经常是独自一人坐在那里回味思考,思绪奔驰在历史的时空隧道。

二度夕阳美,美在从容!没有了年少的轻狂,没有青壮年的浮躁,更没有了争强好胜的冲动;却多了经历风雨磨炼的温厚,多了看透世事风景的从容,多了世故人生的成熟。

回眸几十年走过的路,看见的、听到的、亲历的事情太多、太多、太多了，所以，现在把什么都看淡了。从容淡定，随遇而安，一切随缘，皆大欢喜。

三度夕阳美，美在知足！人老了，奔波和烦恼已是过去，老年的"慢生活"应是一种幸福的知足感，随心所欲，顺其自然，寄情山水，颐养天年；淡泊名利，学会舍弃，热爱生活，懂得珍惜；老而不衰，老当益壮，长寿善终。

早晨到公园里去练练太极剑；打开收音机听听京剧名段，听一阵儿，自唱一阵；而后和几位老友互道家常，欢声笑语，悠闲自在，乐在其中，甜美在心。

四度夕阳美，美在明了！物是人非，经历过几十年的漂浮，不变的是高山流水，变的是来往的人群；不变的是年年季节交替，变的是人情冷暖；不变的是光阴似箭，变的是人心世故。

老了，明白了；老了，轻松了，优哉游哉何其幸也。什么都在变，我们也在变，在变与不变中，重要的是把握好我们的心态。

五度夕阳美，美在坦然！夕阳所放射出的五彩云霞，染红了半个天际，整个天空简直美极了。恰似我们又回到了过去那激情燃烧的岁月。

夕阳无限好，莫怕近黄昏！因为，我们曾经美丽过，而现在正处在人生最美丽的阶段，只要健康快乐地活着，就没有什么值不值得、害不害怕了。

青山依旧在，几度夕阳红！

天定人生是个零，过方过圆都不行。
从零开始走向零，顺其自然心态平。
晚年莫想富有余，来者糊涂走者迷。

生前死后啥属你？应该醒悟莫迟疑。
能知足，便常乐，晚年过得乐呵呵。
富莫喜，穷莫愁，顺其自然享自由。
莫强求，莫相争，人生如梦一场空。
天也空，地也空，人生渺茫在其中。
日也空，月也空，东升西落永无终。
田也空，房也空，不断更换主人翁。
爱也空，情也空，换来眼泪和哭泣。
金也空，银也空，死后哪样握手中？
名也空，利也空，双眼一闭美梦终。
胜也空，败也空，人生如戏完无声。
官也空，权也空，无人一生坐朝中。
富也好，穷也好，身体健康为最好。
春夏秋冬如人生，看破红尘心想通。
家家有本难念经，莫把烦恼挂心中。
养儿育女是义务，传宗接代留名声。
只要晚年身体好，一生活在幸福中。
朝到西，晚到东，世人如同采花蜂。
采百花，酿成蜜，终生辛苦一场空。
看得宽，想得通，与世无争长寿翁。

还总有人说，六七十岁的年纪就与美不沾边了，这种说法大错特错！夕阳才是最美的年纪，温馨又从容，最美不过夕阳红！

有道是人生七十古来稀，如今是人到七十是枝花！

后　记

写书、编书、出书的人不少，相比之下，看书、阅读的人就不算多，而微信、聊天，手机转发、微信点点，玩游戏等更上瘾。低头族越来越多，特别是年轻小伙子和姑娘们，只顾低头看手机，不管脚下的道儿通不通，眼前有人无人，人多人少。我看我的、你走你的，假若两人走个面对面，看你躲不躲，咱俩到底应该谁让谁！因看手机出乱子、丢性命的事故不在少数。

我也是个老人，几乎不玩手机，闲时偶尔点开微信与亲朋好友老同志们聊几句。但我知道自己已经落伍了，赶不上新时代了。我认为科技再发展也不能离开老祖宗遗留下来的原始工具。比如计算器早有了，珠算至今没有消失，在有些科技发达的国家仍然推行中国的珠算理论；在电脑上或者手机上下象棋，就没有和对手面对面来一盘那般过瘾又快乐，身边还围着一圈旁观者在指手画脚七嘴八舌；交通发达的今天，飞机、高铁、高速路上奔驰的汽车，速度快得不可思议，但是一直没有彻底取代自行车和步行，而如今骑自行车和走路成了最时髦的运动和出行方式；有些科技进步的产品来得快，消失得也快，污染环境也快。刚开始一万多元的大哥大，现在贴俩钱也没人要。智能手机，年年都有新一代，让手中的手机很快落伍，更新的速度让你措手不及。我之所以写作、出书，是因为认为书才是谱写历史的永久记载，一本书的时间越长久，价值越高。

十五六岁时，我正读初中，因“文化大革命”而停课，就回到农村，常和几个老大爷下地做农活。我们只能算作是半个劳动力，累了就坐下来休息一会儿。休息时，老大爷们就一边抽着旱烟袋，一边东拉西扯。我坐在一旁听他们讲三国、说西游，谈古论今。从抗日到解放，从土改、扫文盲到“三反”“五反”，再到人民公社生产大队，全是他们所亲身经历的故事，让我这个初中还没毕业的学生听得津津有味。特别是土改时，斗地主分田地的场面，大爷们讲得是滔滔不绝、头头是道，活灵活现。他们的故事多了去了，我还是一个没有接触社会生活的毛小子，因此感到挺新鲜。从书本上是看不到的，这些老人就像是一本书或者一个老人就是一本书，我是在读“无字书”，轻轻松松地阅读着他们的真实生活，感受到社会实践比书本知识更重要。如今我老了，走向社会已不可能，想深入实践也成泡影。只能散散步、活动活动、写写画画、看书读报来解解闷。看电视、刷微信，又感觉老眼昏花，容易疲劳，头和身体的连接处——颈椎难以支撑，觉得还是多读书、多写作好。

久盯着小小的手机，倒不如看一本书好。老是看书这头就得不断地左右活动颈椎，挺舒服的，要看报纸幅度更大。所以我说读书看报能活动颈椎，坐的时间长了，再去散散步，何乐而不为。

一辈子说长很长，说短很短，有的人退休后，养老的时间比上班的时间还长。养老院里有一位老大娘十七岁参加工作，五十五岁退休，三十八年工龄，九十五岁去世，退休金领取了四十年。她唯一的爱好就是读书、看报。她不懂智能手机，更不会看微信。

退休几十年，难得自由，就多读一些书吧！如今有不喜欢阅读的人，他们可以花很多时间逛街、淘宝、打游戏、网聊，也有打麻将、玩扑克、下象棋……就是不肯花时间安安静静地去阅读。认认真真读一本好书,“书中自有黄金屋”,肯定是有它的道理。

老年人有时间,用在读书上要比看电视好多了,眼花耳聋看电视效果差,看书戴眼镜,手拿放大镜。

每当我想起小时候在田间地头,听老大爷们讲得活灵活现的故事来,我就会想起《乡愁》:

小时候,乡愁是一枚小小的邮票,
我在这头,母亲在那头。
长大后,乡愁是一张窄窄的船票,
我在这头,新娘在那头。
后来啊,乡愁是一方矮矮的坟墓,
我在外头,母亲在里头。

而现在,那时候经风雨见世面、阅历很深的农村老人,都成了一方矮矮的坟墓。面朝黄土背朝天当了一辈子农民,一脸皱纹和两手老茧,就是他们成年累月辛勤劳动的见证。老人再加农民就成了“老农民”,自此以后,我对农民就产生敬慕之心。同时养成了正直的性格,当官的和农民就应该平等,没有高低贵贱之分。历史上的陈胜、吴广、朱洪武、李自成,还有当代毛泽东,都是出身农民的领袖人物;再有今天的习近平总书记的七年农村插队经历,其实是一位真正伟大的农民代表,优秀的农民大学生成了一个伟大人民的领袖。

我从初中懂事起就敬重农民、敬重老人,但我在农村生活的时间很短,只有半年多。如今在老人窝里跪爬摸打相处的时间比较长,有十几年。所以没有农民生活的经历,就写不出农民切身的感受,只能拙劣地勾画出农村老年人生活的不容易。由于写作水平有限,只能浅略叙述"人老有多难"。书中所写的是已经经历过和正在经历着的老年人现象及自己的一些感悟,不针对某个人,请勿对号入座。

欢迎广大读者批评指正!

薛宥辰

2019年4月14日